KB199957

은혜에 굳게 서라

은혜에 굳게 서라

지은이 | 김은호
초판 발행 | 2018. 6. 20

등록번호 | 제1988-000080호
등록된 곳 | 서울특별시 용산구 서빙고로65길 38
발행처 | 사단법인 두란노서원
영업부 | 2078-3352   FAX | 080-749-3705
출판부 | 2078-3331

독자의 의견을 기다립니다.
tpress@duranno.com   www.duranno.com

두란노서원은 바울 사도가 3차 전도여행 때 에베소에서 성령 받은 제자들을 따로 세워 하나님의 말씀으로 양육하던 장
소입니다. 사도행전 19장 8-20절의 정신에 따라 첫째 목회자를 돕는 사역과 평신도를 훈련시키는 사역, 둘째 세계선교
(TIM)와 문서선교 (단행본·잡지) 사역, 셋째 예수문화 및 경배와 찬양 사역, 그리고 가정·상담 사역 등을 감당하고 있습니다.
1980년 12월 22일에 창립된 두란노서원은 주님 오실 때까지 이 사역들을 계속할 것입니다.

은혜에
굳게 서라

김은호 지음

Stand Firm In His Grace

두란노

| 목차 |

3부 하나님의 은혜를 지키라

4부 하나님의 은혜를 나누라

인생은 선택의 연속입니다. 또한 선택에 대해 책임을 져야 합니다. 많은 이들은 때로 선택을 두려워합니다. 결국 승리할 수밖에 없는 은혜의 파노라마를 묵상하지 못하고 당장의 눈에 보이는 근시안적 결과에만 집착하기 때문입니다. 그러나 그리스도인은 선택에 앞서 한 가지를 더 선택할 수 있습니다. '선택 전의 선택', 그것은 바로 '하나님의 뜻을 묻는 것'입니다. 이것은 주님을 믿고 따르는 자에게 피할 수 없는 혜택이요, 큰 은혜입니다. 왜냐하면 하나님이 내 인생의 주인 되심을 인정하는 거룩한 선택이기 때문입니다.

수십 년 목회를 해 온 저 역시 마찬가지입니다. 항상 은혜를 갈망합니다. 은혜 없이는 살 수 없기 때문입니다. 은혜 받지 못한 목회자가 회중에게 그리스도의 은혜를 온전히 선포할 수는 없습니다. 그것은 말씀에 대한 기만입니다. 또한 공동체에서 함께 은혜를 나누는 기쁨이 사라진다면 교회의 의미 또한 사라지게 됩니다. 이 책의 주제를 '은혜'로 정한 것은 '다니엘 기도회' 동안 하나님이 부어 주신 형언할 수 없는 은혜 때문입니다.

오직 하나님의 은혜로 섬길 수 있었던 오류교회 공동체를 보며 요즘 부쩍 인생에 대해, 또 목회 사역에 대해 생각하는 것이 있습니다. '내 앞에 가로놓인 일들에 대해 나는 절망했는가, 아니면 극복했는가?', '내 인생을 지배한 것은 걱정이었는가, 아니면 은혜였는가?' 하는 것입니다. 뿐만 아니라, '하나님의 손을 거치지 않은 우연이란 없으며, 하나님의 사랑을 일깨워 주는 증거가 우리 삶 곳곳에 역사하고 있다'는 것입니다. 이러한 묵상에는 페리노블의 《삶의 어떤 순간에도, 하나님》(두란노 역간)에 나오는 내용이 많은 도움을 주었습니다.

결국 하나님의 하나님 되심을 선포하고, 말씀과 삶으로 이 땅에 하나님 나라를 세워 가며, 주님과 친밀한 영적 교제를 나누는 그리스도인의 동력이 은혜임을 부인할 수 없습니다. 하나님의 청사진은 순종의 한걸음부터 시작됩니다. 그 위에 믿음과 소망과 사랑을 덧입혀 주십니다. 이것이 은혜의 프로세스입니다. 주님을 전적으로 신뢰하는 인생, 하나님에게 모든 것이 붙들린 인생에게는 은혜의 승리가 임합니다!

하나님의 구원의 은혜를 심장에 아로새긴 자에게는, 십자가의 은혜로 인생을 휘감은 자에게는 결코 두려움이 없습니다. 외로움이 없습니다. 절망과 슬픔이 사라집니다. 그리고 주님의 향기가 머무는 그 자리에 화평과 기쁨과 감사가 충만해집니다. 주님과 함께하는 매일의 삶이 기대와 소망으로 가득 차는 은혜가 임하는 것입니다.

저는 이 은혜를 나누고 싶습니다. 잃어버린 영혼들을 하나님 나라에 초청하고 싶습니다. 그러나 나의 힘과 의와 능력으로 되는 것이 아님을 너무나 잘 압니다. 인생을 관통하는 모든 생각과 일은 오직 성령의 도우심으로 가능한 하나님의 섭리로 채워지기 때문입니다. 그래서 은혜가 필요합니다. 세상이 요구하는 기대대로 화

려한 성공을 얘기하고, 그럴듯하게 포장해 세속주의, 번영주의로 하나님의 은혜를 값싸게 만들어서는 안 됩니다. 은혜란, 하나님이 내 삶의 온전한 주인 되심을 고백하고, 모든 영역에서 주님의 일하심과 함께하심을 누리는 것입니다.

이 책을 통해 함께 이 은혜를 묵상했으면 좋겠습니다. 그리고 나를 향한 하나님의 계획과 사랑하심을 기쁘게 나누길 소망합니다. 하나님의 은혜는 특별한 누군가만 받는 것이 아니라 은혜를 사모하는 우리 모두에게 임한다는 사실을 기억하기 바랍니다. 오늘 하루도 예수 그리스도로 말미암은 은혜로 시작합시다. 그렇게 일평생 주님의 은혜를 노래합시다. 은혜에 굳게 섭시다. 우리에게 주시는 하나님의 놀라운 선물, 바로 은혜입니다.

2018년 6월
김은호 목사

Stand Firm In His Grace

1부

하나님의
은혜를
구하라

"그러므로 우리가 디도를 권하여 그가 이미 너희 가운데서 시작하였은즉 이 은혜를 그대로 성취하게 하라 하였노라 오직 너희는 믿음과 말과 지식과 모든 간절함과 우리를 사랑하는 이 모든 일에 풍성한 것같이 이 은혜에도 풍성하게 할지니라 내가 명령으로 하는 말이 아니요 오직 다른 이들의 간절함을 가지고 너희의 사랑의 진실함을 증명하고자 함이로라 우리 주 예수 그리스도의 은혜를 너희가 알거니와 부요하신 이로서 너희를 위하여 가난하게 되심은 그의 가난함으로 말미암아 너희를 부요하게 하려 하심이라"

고후 8:6-9

01
구제의 은혜

뿌리는 자에게
수확의 기쁨이 임한다

최근 남북 정상회담을 통한 평화 기류가 한반도를 감싸고 있습니다. 70년 가까이 분단의 비극으로 눈물짓던 국민들은 그 어느 때보다 통일에 대한 염원을 키우고 있습니다. 뿐만 아니라 그리스도인들은 북한 땅에 그리스도의 계절이 오는 꿈을 꾸며 북한의 복음화를 위해 간절히 기도하고 있습니다. 우리 교회에서도 금요 철야 예배 때마다 한반도의 평화와 하나님 나라를 위해 고난 받는 형제자매들을 위해 기도하고 있습니다. 그런데 이런 분위기에도 여전히 국민들의 심사를 뒤틀리게 하며 미간을 찌푸리게 만드는 곳이 있습니다. 바로 국민들을 가장 살펴야 할 국회입니다.

우리나라 국회는 난장판 국회로 유명합니다. 툭하면 단상을 점거하고, 몸싸움을 벌이며, 심지어 폭력을 휘두릅니다. 여당이든 야당이든 집권만 하면 직권상정으로 입법을 강행 처리하고, 점거 농성과 용역 동원, 때로는 금식 투쟁 등으로 이를 막아 왔습니다. 그래서인지 주변에 힘깨나 쓰고 싸움 잘하는 사람이 있으면 국회로 보내야 한다고 말합니다.

몇 년 전 국회는 몸싸움 금지법, 정식 명칭으로는 '국회선진화법'을 협의해서 발표했습니다. 이 법안을 통과시키고, 19대 국회 때부터 시행하겠다고 발표했습니다. 듣던 중 정말 반가운 소식이었습니다. 그런데 여야가 합의한 지 하루도 되지 않아 이 약속은 지켜지지 않았습니다. 법을 만드는 국회의원들이 정작 약속을 지키지 않은 것입니다. 약속은 반드시 지켜야 합니다. '직권상정을 하지 않겠다, 단상을 점거하지 않겠다, 합의 처리하겠다'라고 약속을 했다면 그것을 지켜야 합니다. 약속만 하고 그것을 지키지 않는다면 그 약속은 아무 의미가 없는 것입니다.

고린도 교회 성도들이 그랬습니다. 이들은 사도 바울로부터 예루살렘 교회가 경제적인 어려움 가운데 있다는 소식을 들었습니다. 그래서 어느 교회보다 먼저 예루살렘 교회를 위한 구제 헌금을 작정했습니다. 고린도 교회의 이런 결정이 신선한 동기가 되어 다른 많은 교회들도 예루살렘 교회를 돕는 일에 동참하게 되었습니다. 그런데 고린도 교회는 구제 헌금을 작정한 지 1년이 지나도록 실행에 옮기지 않았습니다.

"너희가 일 년 전에 행하기를 먼저 시작할 뿐 아니라 원하기도 하였은 즉"(고후 8:10b).

고린도 교회 성도들은 강요에 의해서가 아닌 자신들이 스스로 원해서 구제 헌금을 작정했습니다. 그런데 1년이 지났음에도 불구하고 약속을 지키지 않고 있었습니다. 그래서 바울은 디도 편에 눈물의 편지를 써 보냈고, 또다시 편지를 보내 기근과 핍박으로 인해 고통당하고 있는 예루살렘 교회를 속히 도와줄 것을 강력하게 권면하고 있는 것입니다. 그것이 바로 고린도후서 8장과 9장의 내용입니다.

이 은혜를 풍성하게 하라

바울은 예루살렘 교회를 돕는 일을 '구제'라고 말하지 않습니다. '은혜'라고 표현하고 있습니다.

"그러므로 우리가 디도를 권하여 그가 이미 너희 가운데서 시작하였은 즉 이 은혜를 그대로 성취하게 하라 하였노라"(고후 8:6).

'이 은혜'는 바로 예루살렘 교회를 돕는 헌금을 말합니다. '이 은혜를 … 성취하게 하라'는 말은 핍박과 기근으로 인해 고통 중에 있는 예루살렘 교회를 돕기 위해 작정한 그 헌금을 속히 하라는 말입니다. 바울은 7절에서도 예루살렘 교회의 부족함을 보충해 주는 나눔을 '은혜'로 표현하고 있습니다.

"오직 너희는 믿음과 말과 지식과 모든 간절함과 우리를 사랑하는 이 모든 일에 풍성한 것같이 이 은혜에도 풍성하게 할지니라"(고후 8:7).

뿐만 아니라 마게도냐 교회 성도들이 환난과 극심한 가난 가운데서도 풍성한 연보를 해서 예루살렘 교회를 도왔는데, 그것 역시 하나님이 마게도냐 교회에 주신 은혜라고 표현하고 있습니다.

"형제들아 하나님께서 마게도냐 교회들에게 주신 은혜를 우리가 너희에게 알리노니"(고후 8:1).

성경은 이와 같이 다른 사람을 돕는 일을 구제라 표현하지 않고 '은혜'라 표현하고 있습니다.

바울이 예루살렘 교회를 돕는 일을 은혜라고 표현한 데는 이유가 있습니다. 그것은 은혜를 입은 자만이 나눌 수 있고, 나눔이 곧 은혜이기 때문입니다. 그래서 바울은 고린도 교회 성도들에게 '이 은혜를 그대로 성취하라! 이 은혜를 풍성하게 하라'고 말하는 것입니다.

예수님도 이와 같이 말씀하셨습니다.

"주 예수께서 친히 말씀하신 바 주는 것이 받는 것보다 복이 있다 하심을 기억하여야 할지니라"(행 20:35b).

기억하십시오. 나눔이 곧 은혜입니다. 우리는 움켜쥐는 인생이 아니라 베풀고 나누어 주는 삶을 살아야 합니다. 나눔으로 하나님의 은혜를 더 풍성하게 하는 삶을 살아야 합니다.

왜 은혜를 풍성하게 하는 삶을 살지 못하는가

오늘날 많은 사람들이 은혜를 풍성하게 하는 삶을 살지 못하고 있습니다. 나눔의 삶을 산다는 것은 결코 쉽지 않습니다. 본질적인 이유는 우리 안에 있는 타락한 죄성 때문입니다. 하지만 표면적인 이유가 있습니다. 자신이 다른 사람보다 넉넉하지 못하다고 여기는 것입니다. 다른 사람에 비해 아는 것도 없고, 가진 것도 없기 때문에 나눔의 삶을 살 수 없다고 말합니다. 정말 그럴까요?

본문에 나오는 두 교회, 마게도냐 교회와 고린도 교회를 비교해 봅시다. 먼저 고린도 교회를 살펴보겠습니다.

"오직 너희는 믿음과 말과 지식과 모든 간절함과 우리를 사랑하는 이 모든 일에 풍성한 것같이 이 은혜에도 풍성하게 할지니라"(고후 8:7).

바울의 말처럼 고린도 교회는 이 모든 일에 풍성한 교회였습니다. 마게도냐 교회보다 모든 면에 있어서 뛰어나고 풍족한 교회였습니다. 마게도냐에 있는 성도들보다 교육도 많이 받아서 말도 더 잘하고 지식도 더 뛰어났습니다. 은사를 사모하는 열심도 있었습니다. 고린도 교회는 성경에 나오는 교회 중에 성령의 은사가 가장 많은 교회였습니다. 항구에 위치한 도시였기에 경제적으로도 부유했습니다. 또 바울과 같이 복음을 전하는 사람들을 사랑으로 섬겼습니다.

하지만 핍박과 기근으로 인해 어려움 가운데 있는 예루살렘 교회를 돕는 일에는 작정만 하고 실행으로 옮기지 않았습니다. 물론 거짓 선지자들의 영향을 받은 이유도 있었습니다. 그러나 중요한 것은, 입술로는 사랑을 말하면서도 그 사랑을 실천하지 못하고 있었다는 것입니다. 고린도 교회는 많은 물질, 많은 지식, 많은 은사를 가지고 있었지만 나눔에 인색했습니다. 은혜를 알면서도 은혜를 풍성하게 하는 일을 하지 못하고 있었습니다.

반면 마게도냐 교회는 어땠습니까? 환난의 많은 시련과 가난에도 풍성한 연보를 넘치도록 해서 예루살렘 교회를 도왔습니다.

"환난의 많은 시련 가운데서 그들의 넘치는 기쁨과 극심한 가난이 그들의 풍성한 연보를 넘치도록 하게 하였느니라"(고후 8:2).

마게도냐 교회의 성도 역시 예루살렘 교회가 큰 어려움에 처해 있다는 소식을 들었습니다. 하지만 우리도 힘들고 어렵다며 외면하지 않았습니다. 자신들 역시 큰 환난과 극심한 가난 가운데 있었지만 온 성도들이 힘을 합해 풍성한 헌금을 해서 예루살렘 교회를 도왔습니다.

왜 그랬을까요? 그것이 하나님이 자신들에게 주신 은혜라고 생각했기 때문입니다. 마게도냐 교회 성도들은 바울의 강요와 명령 때문에 구제 헌금, 선교 헌금을 드리지 않았습니다. 하나님이 자신들에게 베풀어 주신 은혜 때문에 환난의 많은 시련과 극심한 가난 가운데서도 연보를 드려 예루살렘 교회를 도왔던 것입니다.

섬김과 나눔, 베풂은 소유의 문제가 아닙니다. 은혜의 문제입니다. 은혜가 있느냐 없느냐의 문제인 것입니다. 어떤 사람은 '주고 싶어도 줄 것이 없다'고 말합니다. 하지만 사실은 줄 것이 없는 게 아니라 은혜가 없는 것입니다. 이 세상에는 받을 것이 없을 만큼 그렇게 큰 부자도 없지만, 줄 것이 없을 만큼 가난한 자도 없습니다. 여유가 있어서 남을 섬길 수 있는 사람은 없습니다. 어쩌면 우리는 평생 동안 물질의 여유가 없이 살 수도 있습니다. 그럼에도 불구하고 은혜로 구원받고, 은혜로 살아가는 우리는 더욱 나눔을 통해 은혜를 풍성하게 하는 삶을 살아야 합니다. 나눔과 베풂은 은혜입니다.

은혜를 풍성하게 하는 삶을 살아야 하는 이유

우리는 은혜를 풍성하게 하는 삶을 살아야 합니다. 우리 주 예수 그리스도의 은혜 때문입니다.

"우리 주 예수 그리스도의 은혜를 너희가 알거니와 부요하신 이로서 너희를 위하여 가난하게 되심은 그의 가난함으로 말미암아 너희를 부요하게 하려 하심이라"(고후 8:9).

바울은 고린도 교회 성도들에게 '우리 주 예수 그리스도의 은혜'를 말하고 있습니다. 이는 부요하신 이로서 우리를 부요하게 하시기 위해 가난하게 되신 것입니다.

예수님은 창조주 하나님이십니다. 누구보다 부요하신 분이십니다. 그런데 그 부요하신 예수님이 우리를 위해 가난하게 되셨습니다. 예수님은 하늘 영광의 보좌를 버리고 이 땅 가운데 인간의 몸을 입고 찾아오셨습니다.

뿐만 아니라 예수님은 냄새나고 지저분한 말구유에서 태어나셨습니다. 세상을 만드신 창조주 하나님이 "여우도 굴이 있고 공중의 새도 거처가 있으되 인자는 머리 둘 곳이 없다"(마 8:20)라고 말씀하실 만큼 가난한 삶을 사셨습니다. 반 세겔인 성전세를 낼 수 없을 정도였습니다.

마침내 예수님은 자신이 입고 있던 옷마저 다 빼앗기고, 자신의 몸 안에 있는 피까지 다 쏟으신 후 십자가에 달려 죽으셨습니다. 죽음 후에도 장사 지낼 무덤이 없어 남의 무덤에 장사를 지낼 만큼 가난하셨습니다. 예수님은 정말 가난한 자로 이 땅에 오셨고, 가난한 자로 사셨으며, 가난한 자로 죽으셨습니다.

부요하신 예수님이 왜 이토록 가난하게 되셨을까요? 그의 가난으로 말미암아 우리를 부요하게 하시기 위함입니다.

"그의 가난함으로 말미암아 너희를 부요하게 하려 하심이라"(고후 8:9b).

하나님이 인류를 위해 창조하신 에덴동산에는 가난이 없었습니다. 모든 것이 넉넉하고 풍부했습니다. 하나님은 인류에게 '모든' 것을 다스릴 수 있는 특권과 함께 '모든' 채소와 '모든' 나무 열매를 먹을 수 있는 풍요로움을 주셨습니다.

그런데 아담의 죄로 인해 에덴동산에서 추방당함으로 가난이라는 형벌을 피할 수 없게 되었습니다. 그래서 아담의 후손인 우리는 땀을 흘려야 식물을 먹게 되는 물질적인 가난에 처하게 되었습니다. 뿐만 아니라 땅이 저주를 받아 가시나무와 엉겅퀴를 내게 되는 환경적 가난 가운데 처하게 되었습니다. 더 나아가 하나님과의 교제가 단절되어 하나님과 멀어지는 영적인 가난 가운데 처하게 되었습니다.

인간을 비참하게 만드는 것 중에 하나가 바로 가난임을 부인할 수 없습니다. 오늘도 가난 때문에 죽어 가는 사람들이 얼마나 많습니까? 아프리카의 수많은 아이들이 먹지 못해 죽어 가고 있습니다. 북한에 있는 동포들도 마찬가지입니다. 우리는 물질적인 가난만 생각하는데 사실 성경에서는 환경적인 가난뿐만 아니라 영적인 가난도 함께 언급하고 있습니다.

주님은 이 모든 가난을 담당하셨습니다. 부요하신 자로서 우리를 부요하게 하시기 위해 가난하게 되셨습니다. 주님으로 인해 우리는 물질적으로는 먹고살 수 있는 일용할 양식이 있고, 영적으로는 죄와 사망의 법에서 해방되어 하나님의 자녀가 되었습니다. 하나님과 친밀한 관계를 맺고 주님과 교제하며 살게 되었습니다. 하나님이 주신 자유와 평안을 누리며 살게 된 것입니다.

너희를 위하여

사도 바울은 예수님이 "너희를 부요하게 하려"(고후 8:9)고 가난한 자가 되셨다고 말합니다. 이처럼 성경에는 '너희를 위하여'라는 말씀이 자주 나옵니다. 누가는 예수님이 '너희를 위하여' 구주로 이 세상에 오셨다고 말합니다.

"오늘 다윗의 동네에 너희를 위하여 구주가 나셨으니"(눅 2:11).

베드로는 예수님이 '너희를 위하여' 고난을 받으셨다고 기록했습니다.

"그리스도도 너희를 위하여 고난을 받으사"(벧전 2:21).

최후의 만찬에서 주님은 "이 잔은 너희를 위하여 흘리는 나의 피요, 이 떡은 너희를 위한 내 몸"(눅 22:19-20 참조)이라고 말씀하셨습니다. 또한 주님은 '너희를 위하여' 거처를 예비하러 가신다고 말씀하셨습니다.

"가서 너희를 위하여 거처를 예비하면 내가 다시 와서 너희를 내게로 영접하여 나 있는 곳에 너희도 있게 하리라"(요 14:3).

이처럼 예수님의 생애는 온통 우리를 위해 바쳐진 삶이었습니다. 이 사실을 잊지 말아야 합니다. 우리 삶에 이해되지 않는 일이 일어난다 할지라도 주님이 우리를 위해 일하고 계시다는 사실을 믿어야 합니다.

아브라함의 경우를 보십시오. 하나님이 100세에 낳은 아들 이삭을 바치라고 말씀하셨습니다. 요셉은 형들에게 미움을 받고 애굽으로 팔려갔습니다. 보디발의 아내의 유혹을 물리쳤지만 누명을 쓰고 감옥에 갇혔습니다. 이해되지 않습니다. 하지만 결과를 보면 그 모든 것이 다 '너희를 위하여'였습니다.

지금 당신의 삶에 일어나는 일들이 이해되지 않습니까? 낙심하지 마십시오. 포기하지 마십시오! 우리에게는 분명한 해답이 있습니다. 무엇입니까? 주님이 '너희를 위하여', 곧 우리를 위해 일하고 계시다는 사실입니다. 주님은 언제나 '우리를 축복하시기 위해', '우리를 주님의 도구로 사용하시기 위해', '우리를 행복하게 만드시기 위해', '우리를 주님이 원하시는 수준의 사람으로 세우시기 위해' 일하고 계십니다.

하나님의 사람은 언제나 이 음성을 들을 수 있어야 합니다. "사랑하는 아들아, 사랑하는 딸아, 오늘도 나는 '너희를 위하여' 일하고 있단다." 오늘도 우리를 위해 일하시는 주님을 바라보는 자는 절대로 포기하지 않습니다.

우리는 예수님이 우리를 위해 가난하게 되심으로 부요하게 된 사람입니다. 그래서 바울은 이렇게 고백합니다.

"근심하는 자 같으나 항상 기뻐하고 가난한 자 같으나 많은 사람을 부요하게 하고 아무것도 없는 자 같으나 모든 것을 가진 자로다"(고후 6:10).

집 한 채 없이 가진 것이라고는 외투 한 벌과 성경뿐인 바울이었습니다. 주님을 소유한 자는 모든 것을 가진 자입니다. 우리에게 필요한 인생의 모든 것들이 우리 안에 계신 예수 그리스도, 그분 안에 있기 때문입니다.

'일하는 것이 기도요, 기도가 일하는 것이다'라는 설교로 유명한 아르헨티나의 후안 까를로스 오르띠즈가 쓴 책 중에 이런 내용이 있습니다. "더 받을 것이 없습니다. 그리스도만으로 충분합니다." 인생의 해답이 되시고, 우리 삶의 이유가 되시고, 우리를 부요하게 하시기 위해 가난하게 되신 예수님이 우리 안에 계시다면 우리는 사실 더 이상 받을 것이 없습니다. 하나님이 주신 그 많은 은혜를 나누는 일만 남습니다.

주님은 우리를 부요하게 하시기 위해 친히 가난하게 되셨습니다. 당신의 능력이 아닌 당신의 가난하심을 통해서 말입니다. 주님을 따르는 우리도 우리 이웃의 부요함을 위해 가난해질 수 있어야 합니다. 그런데 우리는 자신이 부요해지기만을 원하지, 다른 사람의 부요함을 위해 가난해지려고 하지 않습니다. 부자가 되기를 원하지, 절대로 손해 보려 하지 않습니다. 그러나 주님을 따르는 우리는 이웃을 부요하게 하기 위해 때론 손해도 볼 수 있어야 합니다. 나눔을 통해 은혜를 풍성하게 하는 삶을 살아야 합니다.

나눔과 베풂은 공동체 안에서 부족한 것을 서로 보충해서 균등해질 수 있는 은혜가 임하게 합니다.

"이는 다른 사람들은 평안하게 하고 너희는 곤고하게 하려는 것이 아니요 균등하게 하려 함이니 이제 너희의 넉넉한 것으로 그들의 부족한 것을 보충함은 후에 그들의 넉넉한 것으로 너희의 부족한 것을 보충하여 균등하게 하려 함이라"(고후 8:13-14).

사도 바울은 고린도 교회 성도들에게 '너희의 넉넉함으로 예루살렘 교회의 부족한 것을 보충하라'고 말합니다. 균등하게 하기 위함입니다.

세상에는 언제나 가난한 자가 있고 부자가 있습니다. 똑같이 잘살수 있는 유토피아는 없습니다. 빈부의 격차가 없는 이상적인 사회란 불가능합니다. 그러기에 성경은 넉넉한 자들이 부족한 자들을 보충해 주어야 한다고 가르칩니다. 강한 자는 연약한 자를 돌봐 주어야 하고, 있는 자는 없는 자의 부족함을 채워 주어야 합니다. 또한 재정적으로 자립한 교회들은 미자립 교회의 부족함을 도와 주어야 합니다. 이것이 성경의 원리이고 가르침입니다.

기독교 문화가 뿌리내린 곳에는 언제나 기부 문화가 발달했습니다. 억만장자 빌 게이츠는 빈곤 및 질병 퇴치를 위해 전 재산인 880억 달러 중 절반에 가까운 400억 달러를 먼저 내놓고 복지 재단을 설립했습니다. 남은 재산도 모두 사회에 기부하겠다고 약속했습니다. 강철 왕 카네기도 자신의 전 재산을 사회에 기부했습니다. 2,500여 개의 도서관을 지어 헌납했고, 시카고대학교를 비롯한 열두 개의 종합대학과 열두 개의 단과대학 연구소를 지었습니다. 5,000여 개의 교회도 세워 하나님에게 영광을 돌렸습니다. 카네기는 65세가 되었을 때 '부자인 채 죽는 것은 정말 부끄러운 일'이라며 남은 재산을 모두 사회 복지를 위해 헌납했습니다.

"도둑질하는 자는 다시 도둑질하지 말고 돌이켜 가난한 자에게 구제할 수 있도록 자기 손으로 수고하여 선한 일을 하라"(엡 4:28).

베풀고 나눔으로 균등한 세상을 만드는 것이 성경의 가르침이고 원리입니다. 하지만 이것은 강요나 명령에 의해서가 아니라, 은혜로 인한 자원하는 마음으로 이루어져야 합니다. 열심히 수고해서 주님이 물질의 복을 주시면 가치 있게 사용하십시오. 가난한 자를 구제하고, 베풀고 나누는 일을 위해 사용하십시오. 예수님은 지극히 작은 자, 보잘것없는 자에게 한 것이 곧 예수님 자신에게 한 것이라고 말씀하셨습니다.

누가 행복하게 잘사는 사람입니까? 돈 많은 사람이 아닙니다. 자신이 가진 것을 나누며 사는 사람입니다. 시인 박노해는 '나뿐인 사람'이 '나쁜 사람'이라고 했습니다. 또한 존 웨슬리는 감리교도들에게 세 가지 경제생활의 원칙을 가르쳤습니다. "될 수 있는 대로 많이 벌어라. 될 수 있는 대로 많이 저축하라. 될 수 있는 대로 많은 이들에게 많이 나누어라."

그리스도인은 은혜 받은 자들입니다. 우리는 이 은혜를 거저 받았습니다. 주님의 은혜를 거저 받아 누리며 살아가는 자에게 필요한 것은 거저 나누어 줄 수 있는 삶의 자세입니다. 받은 은혜를 나누며 풍성하게 하는 삶을 살아가십시오. 나눔의 삶이 끊임없이 이어질 때, 주님이 주신 은혜는 더욱 풍성해질 것입니다.

"이스라엘 자손이 또 여호와의 목전에 악을 행하였으므로 여호와
께서 칠 년 동안 그들을 미디안의 손에 넘겨주시니" 삿 6:1

연약함은
죄 된 나를 잊지 않는 거울이다

신앙생활 중에 가장 힘든 것은 무엇일까요? 주일 성수일까요? 세상의 유혹 뿌리치고, 꿀맛 같은 휴일에 교회에 나와 주일을 거룩하게 구별해서 지키는 것은 사실 쉽지 않습니다. 새벽 기도는요? 새벽 기도가 힘들어서 선교사로 나간 목회자가 있다는 우스갯소리가 있습니다. 한 원로 목사님은 은퇴하시는 날 매일 새벽 자신을 깨웠던 자명종 시계를 박살내었다고 합니다. 새벽 기도 역시 힘든 일입니다.

반복해서 짓는 죄

그리스도인으로서 예배에 나오는 것보다 더 힘든 것이 있습니다. 반복해서 짓는 죄로 인한 죄책감, 죄의식입니다. 우리는 죄를 지을 때마다 하나님 앞에 나아가 회개합니다. 그리고 다시는 그 죄를 짓지 않게해 달라고 기도합니다. 그런데 시간이 지나면 언제 그랬냐는 듯 반복해서 죄를 짓는 자신의 모습을 보게 됩니다. 그럴 때 얼마나 힘이 듭니까? '나는 왜 이 모양일까? 정녕 이 정도밖에 되지 않는 걸까?' 많은 그리스도인들이 이렇게 죄의식을 느끼며 탄식합니다.

성경에서 죄의 악순환이 가장 많이 등장하는 곳이 있습니다. 바로 사사기입니다.

"이스라엘 자손이 또 여호와의 목전에 악을 행하였으므로"(삿 6:1a).

'또'라는 표현에서 알 수 있듯이, 이스라엘 백성의 범죄가 새로운 사건이 아니라 끊임없이 반복적으로 행해져 왔음을 유추할 수 있습니다. 이스라엘 백성은 여호와의 목전에서 악을 행해 가나안 왕 야빈에게 20년 동안이나 심한 학대를 받았습니다. 이때 하나님은 여 선지자 드보라를 세워 가나안 왕 야빈을 물리치게 하시고, 40년 동안 그땅을 평온하게 해 주셨습니다. 그런데 이스라엘 백성이 또다시 여호와의 목전에 악을 행한 것입니다.

사사기를 보면 반복적인 패턴이 있습니다. 이스라엘 백성이 여호와의 목전에서 악을 행합니다. 그로 인해 하나님의 징계를 받습니다. 징계를 받으면 부르짖으며 회개하고 돌아옵니다. 그러면 하나님이 그들을 구원해 주시고 태평성대를 허락하십니다. 그러면 언제 그랬냐는 듯 또다시 우상을 숭배하며 하나님 앞에서 악을 행합니다. 이렇게 이스라엘 백성은 가나안에 정착한 뒤 끊임없이 반복적으로 죄를 지었습니다. 그래서 사사기를 보면 '또'라는 말이 참 많이 나옵니다.

"또 그들의 신들을 섬겼더라"(삿 3:6b).
"또 여호와의 목전에 악을 행하니라"(삿 3:12a).
"또 여호와의 목전에 악을 행하매"(삿 4:1b).
"또 바알브릿을 자기들의 신으로 삼고"(삿 8:33b).

따지고 보면 이스라엘 백성만 그렇게 반복해서 죄를 지은 것이 아닙니다. 우리도 마찬가지입니다. 계속 반복해서 죄를 지어 왔고, 또다시 회개하면서도 여전히 그 죄를 짓고 있습니다. 우리가 짓는 죄는 언제나 새로운 죄가 아닙니다. 대부분 예전에 지은 죄를 오늘 또 짓고, 오늘 지은 죄를 미래에 또 짓습니다.

예를 들면, 어제 누군가를 미워한 사람은 오늘도 미워하고 내일도 미워합니다. 어제 거짓말한 사람은 오늘도 거짓말하고 내일도 거짓말합니다. 아담의 타락 이후 모든 인간들은 반복해서 죄를 짓고 있습니다. 아담 이후 인간들은 죄를 지을 수밖에 없는 타락한 죄성을 가지고 있기 때문입니다. 인간은 아무리 죄에서 떠나 의롭게 살려고 해도 그렇게 살 수 없는 연약한 존재입니다. 다윗은 이렇게 고백했습니다.

"내가 죄악 중에서 출생하였음이여 어머니가 죄 중에서 나를 잉태하였
나이다"(시 51:5).

바울도 마찬가지입니다.

"내가 원하는 바 선은 행하지 아니하고 도리어 원하지 아니하는바 악을
행하는도다 … 오호라 나는 곤고한 사람이로다"(롬 7:19, 24a).

이렇게 아담 이후 인간은 한 사람도 예외 없이 타락한 죄성을 가
지고 있습니다. 그렇기에 연약해서 반복적으로 죄를 지을 수밖에 없
습니다.

그런데 역설적으로 이렇게 연약해서 넘어지는 것이 은혜입니다.
오해하지 마십시오. 죄 자체가 은혜라는 말이 아닙니다. 우리가 짓는
죄를 범상히 여기라는 말도 아닙니다. 거룩하신 하나님은 죄를 미워
하십니다. 뿐만 아니라 하나님은 우리가 지은 죄에 대해 반드시 심판
하십니다. 그래서 하나님의 사람들 역시 자신이 지은 죄로 인해 징계
를 받았고, 이스라엘 백성도 자신들이 지은 죄로 인해 하나님의 징계
를 받았습니다.

연약함이 은혜다

그렇다면 반복해서 넘어지는 우리의 연약함이 왜 은혜일까요? 연약함으로 인해 값없이 의롭다 함을 얻었기 때문입니다. 인간이 의롭고 완전해서 마음먹은 대로 인생을 살아갈 수 있다면 하나님은 우리에게 구원의 조건으로 의로운 행위를 요구하셨을 것입니다.

만약 그렇다면 도대체 얼마나 의롭게 살아야 의롭다 함을 얻을 수 있을까요? 하나님이 우리의 의로운 행위를 구원의 기준으로 삼으신다면 당당하게 "나는 구원받을 수 있습니다", "나는 의롭다 함을 얻을 수 있습니다"라고 자신 있게 말할 수 있는 사람이 있을까요? 타락한 죄성을 가진 인간은 결코 의롭고 완전한 삶을 살 수 없습니다. 그래서 하나님은 예수 그리스도를 이 세상 가운데 보내셨고, 십자가 위에서 우리 죄를 속량하게 하셨습니다. 그리고 우리의 행위가 아닌 예수 그리스도의 의로 의롭다 하신 것입니다.

"그리스도 예수 안에 있는 속량으로 말미암아 하나님의 은혜로 값없이 의롭다 하심을 얻은 자 되었느니라"(롬 3:24).

우리는 오직 하나님의 은혜로 값없이 의롭다 함을 얻었습니다. 또한 연약함을 깨닫는 자는 은혜에 젖어 삽니다. 우리가 의롭고 완전하다면 하나님의 은혜가 필요할까요? 때를 따라 도우시는 하나님의 은혜가 없어도 얼마든지 죄를 이기고, 세상의 유혹도 물리치며 의롭게 살 수 있을까요?

우리는 넘어질 때마다 내가 얼마나 무능하고 연약한 존재인가를 깨닫습니다. 그래서 "원하는 바 선은 행하지 아니하고 도리어 원하지 아니하는바 악을 행하는"(롬 7:19) 자신의 모습을 바라보며 바울처럼 "오호라 나는 곤고한 사람이로다"(롬 7:24)라고 탄식합니다.

놀라운 사실은, 이렇게 자신의 연약함을, 무능함을 깨닫는 자가 하나님의 은혜를 사모한다는 것입니다. 성령님을 의지한다는 것입니다. 그래서 사도 바울은 죄가 더한 곳에 은혜가 더욱 넘친다고 했습니다.

"율법이 들어온 것은 범죄를 더하게 하려 함이라 그러나 죄가 더한 곳에 은혜가 더욱 넘쳤나니"(롬 5:20).

하나님은 복음에 앞서 율법을 먼저 주셨습니다. 죄를 더하게 하기 위함입니다. 이것은 율법을 통해 자신의 죄를 깨닫고, 자신의 힘과 노력으로는 율법을 지켜 행할 수 없음을 인해 탄식하도록 하시기 위함입니다. 자신의 연약한 모습을 바라보며 탄식한 자만이 복음을 받아들일 수 있습니다. 철저하게 자신의 죄인 됨을 깨닫는 자가 하나님의 복음을 받아들입니다. 그리스도의 은혜의 복음에 동참하는 자는 자신이 용서받을 수 없을 만큼 완벽한 죄인임을 시인하는 자입니다. 자신이 지은 죄로 인해 탄식하는 자입니다. 다짐하고 또 다짐하지만 또

다시 연약해서 넘어지는 자신의 무능한 모습을 바라보며 괴로워하는 자입니다.

어둠이 있어야 빛의 소중함을 알 듯, 죄가 있어야 하나님의 은혜를 알 수 있습니다. 죄가 없으면 누구도 하나님의 은혜를 말할 수 없습니다. 죄로 인한 탄식이 없는 자는 하나님의 은혜를 깨달을 수가 없습니다. 하나님의 은혜를 알려면 먼저 죄에 대한 탄식이 있어야 합니다. 그래서 바울은 '죄가 더한 곳에 은혜가 더욱 넘친다'는 역설적인 말을 했습니다.

그렇다면 은혜가 넘치는 삶을 살기 위해 죄 가운데 살아야 할까요? 하나님의 은혜를 더 많이 풍성하게 누리기 위해서 일부러 죄를 지으며 살아야 할까요? 그럴 수 없습니다. 그렇게 말하는 자가 있다면 하나님의 은혜를 모르는 것입니다. 아니, 값없이 베풀어 주시는 하나님의 은혜를 모독하는 것입니다.

"그런즉 우리가 무슨 말을 하리요 은혜를 더하게 하려고 죄에 거하겠느냐 그럴 수 없느니라"(롬 6:1-2a).

바울은 연약해서 넘어짐이 우리에게 은혜임을 주장합니다. 죄가 없이는 누구도 하나님의 은혜를 알 수 없고, 깨달을 수 없기 때문입니다. 연약해서 넘어지는 자가 하나님의 은혜를 구하고 하나님을 의지할 수 있기 때문입니다.

미디안을 통한 하나님의 징계

하나님은 이스라엘 백성이 또다시 악을 행할 때 7년 동안 미디안의 손에 넘겨 징계하셨습니다.

"여호와께서 칠 년 동안 그들을 미디안의 손에 넘겨주시니"(삿 6:1b).

사실 미디안은 강한 나라가 아니었습니다. 미디안은 근동 지역에서 유목 생활을 하던 족속입니다. 군사력으로 보면 이스라엘보다 더 미미합니다. 하나님은 이런 미디안을 강하게 하셔서 이스라엘 백성을 징계하셨습니다.

하나님은 당신의 백성이 죄를 범했을 때 다윗처럼 직접 징계하시는 경우도 있지만, 많은 경우 주변에 있는 사람이나 나라를 통해 징계하십니다. 그래서 하나님은 나단 선지자를 통해 다윗에게 이렇게 말씀하셨습니다.

"그가 만일 죄를 범하면 내가 사람의 매와 인생의 채찍으로 징계하려니와"(삼하 7:14b).

하나님은 당신의 백성이 범죄하면 사람의 매와 인생의 채찍으로 징계하십니다. 하나님은 북 왕국 이스라엘이 범죄했을 때 앗수르를 통해 징계하셨습니다. 남 유다가 범죄했을 때는 바벨론을 통해 징계하셨습니다.

그렇다면 하나님의 사람인 우리는 어떻게 해야 할까요? 마냥 두려워 떨기만 해야 할까요? 아닙니다. 전능하신 하나님의 얼굴을 구하고 그분 앞에 나아가 무릎 꿇어야 합니다. 모든 죄악으로부터 우리를 지켜 주실 수 있는 분이 하나님이시고, 주변의 모든 상황을 도구로 사용해 징계하실 수 있는 분도 하나님이시기 때문입니다.

그러므로 깨어 기도해야 합니다. 거룩을 상실하고 맘모니즘에 빠져 가는 한국 교회를 위해 기도해야 합니다. 끝없이 비판하고 정죄하며 성령의 하나 되게 하심을 힘써 지키지 못한 죄악을 회개해야 합니다. 온갖 우상을 숭배하며 하나님을 대적하고 그분의 이름을 모욕하는 이 땅의 백성의 죄악을 회개해야 합니다.

정해진 징계의 기간

하나님은 이스라엘 자손이 또다시 목전에서 악을 행하자 미디안의 손에 넘겨 징계하셨습니다.

"여호와께서 칠 년 동안 그들을 미디안의 손에 넘겨주시니"(삿 6:1b).

이스라엘 백성에 대한 하나님의 징계는 7년이었습니다. 하나님은 기간을 정해 놓고 징계하십니다. 열 명의 정탐꾼들의 보고를 받고 불평하며 원망했던 이스라엘 백성을 징계하실 때도 40년으로 정하셨습니다. 뿐만 아니라 남 유다의 범죄로 인해 바벨론에 포로로 끌려갔을 때도 하나님은 징계의 기간을 70년으로 정하셨습니다.

> "이 모든 땅이 폐허가 되어 놀랄 일이 될 것이며 이 민족들은 칠십 년 동안 바벨론의 왕을 섬기리라"(렘 25:11).

하나님이 자기 백성을 징계하실 때 기간을 정해 놓으시는 이유는 무엇일까요? 자기 백성을 향한 징계는 영원하지 않다는 것을 분명히 하시기 위해서입니다. 징계 자체가 아닌 깨닫고 돌아옴에 그 목적이 있기 때문입니다. 만약 징계 자체에 목적이 있다면 그 징계는 영원할 것입니다. 때문에 우리를 향한 하나님의 징계 역시 하나님의 은혜임을 알 수 있습니다.

지금 당신의 인생 가운데 하나님의 징계를 받고 있습니까? 분명한 것은, 당신을 향한 하나님의 징계는 영원하지 않다는 것입니다. 깨닫고 돌아오면, 그래서 하나님의 공의가 만족되면 그 징계는 끝납니다.

히브리서 12장 8절은 "징계는 다 받는 것이거늘 너희에게 없으면 사생자요 친아들이 아니니라"고 말씀합니다. 징계는 우리가 하나님의 아들이라는 가장 확실한 증거입니다. 힘들고 아프지만 징계는 우리를 돌아보게 만듭니다. 우리의 모난 부분들을 제거합니다. 징계는 약한 우리를 강하게 만듭니다. 징계는 우리를 연단해서 세상이 감당할 수 없는 사람으로 만듭니다.

"하나님께 징계 받는 자에게는 복이 있나니 그런즉 너는 전능자의 징계를 업신여기지 말지니라"(욥 5:17).

우리는 징계를 받을 때 우리가 당하는 징계만이 아닌, 그 징계 속에 숨겨진 하나님의 은혜를 볼 수 있어야 합니다. 우리의 연약함도 은혜고, 하나님의 징계 역시 은혜입니다. 징계를 통해 깨닫게 하시는 은혜를 놓치지 마십시오. 그리고 징계의 시간들을 통해 우리를 더욱 견고하게 하실 하나님을 기대하시길 바랍니다.

"이에 예수께서 다시 속으로 비통히 여기시며 무덤에 가시니 무덤이 굴이라 돌로 막았거늘 예수께서 이르시되 돌을 옮겨 놓으라 하시니 그 죽은 자의 누이 마르다가 이르되 주여 죽은 지가 나흘이 되었으매 벌써 냄새가 나나이다 예수께서 이르시되 내 말이 네가 믿으면 하나님의 영광을 보리라 하지 아니하였느냐 하시니 돌을 옮겨 놓으니 예수께서 눈을 들어 우러러 보시고 이르시되 아버지여 내 말을 들으신 것을 감사하나이다 항상 내 말을 들으시는 줄을 내가 알았나이다 그러나 이 말씀 하옵는 것은 둘러선 무리를 위함이니 곧 아버지께서 나를 보내신 것을 그들로 믿게 하려 함이니이다 이 말씀을 하시고 큰 소리로 나사로야 나오라 부르시니 죽은 자가 수족을 베로 동인 채로 나오는데 그 얼굴은 수건에 싸였더라 예수께서 이르시되 풀어 놓아 다니게 하라 하시니라"

요 11:38-44

03
믿음의 은혜

작은 믿음이
큰 영광을 이루는 스위치가 된다

나사로의 죽음

예루살렘에서 약 20킬로미터 정도 떨어진 곳에 베다니라는 동네가 있습니다. 베다니는 '가난한 자의 집', '무화과의 집', '고통의 집'이라는 뜻입니다. 그래서인지 베다니는 예루살렘에서 낙향한 사람들, 인생의 실패와 낭패를 경험한 사람들 그리고 가난하고 병들고 소외된 사람들이 모여 사는 빈민촌이었습니다. 이 동네에 마르다, 마리아 그리고 나사로라는 세 남매가 살고 있었습니다.

예수님은 이들을 무척 사랑하셨습니다. 나사로에게는 '우리 친구'라고 말씀하실 정도로 가깝게 지내셨습니다(요 11:11 참조). 예수님은 베다니에 가실 때마다 그 집에 들러 유하시고 쉼을 얻으셨습니다. 그런데 어느 날 '친구' 나사로가 병들어 죽게 되었습니다. 본문은 예수님이 그렇게 썩어져 냄새나는 나사로를 살리신 사건을 기록하고 있습니다.

하나님의 영광을 보리라

나사로의 무덤 앞에 서신 예수님은 "네가 믿으면 하나님의 영광을 보리라"고 말씀하셨습니다.

> "예수께서 이르시되 내 말이 네가 믿으면 하나님의 영광을 보리라 하지 아니하였느냐 하시니"(요 1:40).

하나님의 영광이란 '하나님의 행하심으로 나타나는 모든 일들'이라고 말할 수 있습니다. 하나님이 우리 가운데 행하시는 일들로 인해 하나님의 선하심과 위대하심이 드러난다면, 하나님의 하나님 되심이 드러난다면 그것이 곧 하나님의 영광인 것입니다. 병든 자가 고침을 받는 것도, 기도의 응답도 하나님의 영광입니다. 빛의 열매를 맺으며 빛의 자녀로 행하는 것도 하나님의 영광입니다. 성령의 열매를 맺는 것도 하나님의 영광입니다. 예수의 이름으로 일어나는 수많은 기적도 하나님의 영광입니다.

예수님은 나사로가 병들었다는 이야기를 들으셨을 때 그 병은 죽을병이 아니라 하나님의 영광을 위하는 병이라고 말씀하셨습니다. 사실 가장 큰 하나님의 영광은 죽은 자가 살아나는 것입니다. 하나님의 영광은 죽은 영혼이 생명의 빛 되신 예수를 믿음으로 살아나는 것입니다. 죽은 나사로가 살아나는 것이 바로 하나님의 영광을 보는 것입니다.

네가 하나님의 영광을 보리라

"예수께서 이르시되 내 말이 네가 믿으면 하나님의 영광을 보리라 하지 아니하였느냐 하시니"(요 11:40).

예수님은 다른 사람이 아닌 "네가 믿으면 하나님의 영광을 보리라"고 말씀하셨습니다. 하나님의 영광을 볼 사람은 다른 사람이 아니라 바로 나 자신이라는 것입니다. 하나님의 영광을 볼 수 있는 사람은 성경에 나오는 위대하거나 특별한 사람이 아닙니다. 출애굽기 33장 18절을 보면 모세도 "원하건대 주의 영광을 내게 보이소서"라고 말했습니다. 하나님의 자녀인 우리는 하나님의 영광을 볼 수 있고, 또 보아야 합니다.

네가 믿으면 하나님의 영광을 보리라

"네가 믿으면 하나님의 영광을 보리라"는 말씀은, 오직 믿음이 있는 자만이 하나님의 영광을 볼 수 있다는 것입니다. 그렇다면 하나님의 영광을 보기 위해 우리에게 필요한 믿음은 어떤 믿음일까요?

첫째는, 말씀을 온전히 믿는 믿음입니다. 나사로의 무덤 앞에 서신 예수님은 마르다에게 "내 말이 네가 믿으면 하나님의 영광을 보리라 하지 아니하였느냐"(요 11:40)라고 말씀하셨습니다. 앞서 예수님은 마르다에게 이렇게 말씀하셨습니다.

> "나는 부활이요 생명이니 나를 믿는 자는 죽어도 살겠고 무릇 살아서 나를 믿는 자는 영원히 죽지 아니하리니 이것을 네가 믿느냐"(요 11:25-26).

예수님의 말씀은 '먼 훗날이 아니라 지금 살아날 것을 믿느냐'는 것이었습니다. 마르다는 지금은 아니지만 먼 훗날 부활할 줄로 믿고 있었던 것입니다. 예수님의 이 말씀은 '내가 너에게 말한 이 말을 믿으면 네가 하나님의 영광을 보게 된다'는 것입니다. 예수님이 하신 말씀을 믿는 자, 하나님의 말씀을 의심하지 않고 말씀하신 대로 이루어질 것을 믿는 자는 하나님의 영광을 보게 됩니다.

베드로가 언제 주님의 영광을 보았습니까? "깊은 데로 가서 그물을 내려 고기를 잡으라"(눅 5:4)는 주님의 말씀에 온전히 의지해 그물을 내릴 때였습니다. 예수님의 말씀이 상식적으로, 경험적으로, 이성적으로는 도저히 이해되지 않았지만, 말씀에 의지해서 그물을 내릴 때, 오직 말씀을 의지하며 나아가 순종할 때 그물이 찢어지도록 고기가 잡히는 놀라운 기적이 일어났습니다.

파스칼은 "하나님은 철학자의 하나님, 과학자의 하나님이 아니라, 성경이 가르친 대로 믿는 자의 하나님이시다"라고 말했습니다. 그리고 "신앙은 인간의 이성을 십자가에 못 박는 것이다"라고 말했습니다. 많은 경우 우리의 지성과 경험 또는 상식이 하나님의 말씀에 순종하는 데 방해가 될 때가 있습니다. 그러나 우리의 지식과 경험이 아무리 옳아도 그것을 버리고 말씀대로 순종할 수 있어야 합니다. 하나님은 약속하신 말씀을 붙들고, 그 말씀을 선포하고 믿음으로 순종하며 나아가는 사람을 책임져 주십니다.

성경을 보십시오. 여리고 성이 어떻게 무너졌습니까? 약속의 말씀대로 침묵하며 6일 동안 매일 한 바퀴씩 돌고, 마지막 일곱째 날에 일곱 바퀴를 돌고 난 다음 믿음의 함성을 외칠 때 무너지지 않았습니까? 요단 강은 어떻게 갈라졌습니까? 요단 강이 범람할 때 언약궤를 멘 제사장들이 약속의 말씀을 따라 요단의 강물에 발을 잠글 때 요단 강이 갈라지지 않았습니까?

둘째는, 무덤의 문을 열어 놓는 믿음입니다. 나사로의 무덤 앞에 서신 예수님은 "돌을 옮겨 놓으라"(요 11:39a)고 말씀하셨습니다. 당시 유대인들은 시체 훼손을 방지하기 위해 무덤의 입구를 큰 돌로 막아

놓았습니다. 그러므로 "돌을 옮겨 놓으라"는 말씀은 무덤의 문을 열라는 것입니다.

마르다는 그 말씀을 듣는 순간 갈등이 생겼습니다. 그래서 이렇게 말했습니다.

"주여 죽은 지가 나흘이 되었으매 벌써 냄새가 나나이다"(요 11:39b).

만일 죽은 나사로가 살아나지 않으면 동네 사람들이 어떻게 생각할까요? 전도의 문이 닫히는 것은 시간문제고, 마르다와 마리아는 이상한 사람으로 낙인찍힐 것입니다. 마르다가 이렇게 갈등하고 있을 때 주님은 "네가 믿으면 하나님의 영광을 보리라"(요 11:40)고 말씀하셨습니다. 이 말씀 앞에서 마르다는 인간의 상식과 경험을 내려놓았습니다. 자신의 근심과 염려를 내려놓았습니다. 그리고 말씀에 의지해서 돌을 옮겨 놓았습니다.

우리는 이를 통해 두 가지 사실을 깨닫게 됩니다. 하나는, 내가 해야 할 일이 있고, 하나님이 하실 일이 있다는 것입니다. 기도는 내가 해야 합니다. 그러나 기도의 응답은 주님의 몫입니다. 전도는 내가 해야 할 일이지만, 열매를 맺는 것은 주님의 몫입니다. 봉사는 내가 해야 할 일이지만, 축복은 주님의 몫입니다.

그런데 내가 해야 할 일을 하지 않고 모든 것을 하나님에게 전가하는 경우가 많습니다. 내가 공부를 열심히 하지 않고는 좋은 대학에 들어가지 못했다고 시험에 듭니다. 모든 것이 빠르게 변하는 시대에 미리미리 준비해서 경쟁력 있는 회사를 만들어야 함에도 불구하고 안일하게 대처하다가 사업에 어려움을 겪게 되면 모든 책임을 하나님에게 떠넘깁니다.

무덤의 돌을 옮겨 놓는 것은 인간이 해야 할 일입니다. 그러나 죽은 자를 살리는 일은 하나님만이 하실 수 있는 일입니다. 내가 해야 할 일을 하나님에게 전가하는 우둔한 죄를 짓지 마십시오. 또한 하나님만이 하실 수 있는 일들을 내가 할 수 있는 것처럼 생각하는 교만한 자가 되지 마십시오.

다른 하나는, 믿음은 명사가 아니라 동사라는 사실입니다. "돌을 옮겨 놓으라"(요 11:39a). 묵상만 하고 있어서는 무덤의 문이 열리지 않습니다. 믿음은 생각이 아니라 끊임없이 움직이는 동사입니다. 믿음은 거룩함으로 나아가는 동사입니다. 동사 중에서도 과거형이나 미래형이 아닌 언제나 현재형 동사입니다. 믿으면 움직여야 합니다. 믿으면 행동으로 나타나야 합니다.

이스라엘 백성은 열 명의 정탐꾼들의 보고를 받고 밤새도록 통곡하며 하나님과 지도자를 원망하고 불평했습니다. 하지만 여호수아와 갈렙은 "우리가 곧 올라가서 그 땅을 취하자 능히 이기리라"(민 13:30)고 말했습니다. 에스더는 자기 백성이 죽게 될 위기에 처해 있을 때 금식한 후 "죽으면 죽으리이다"(에 4:16)라며 왕에게로 나아갔습니다. 노아는 성취될 하나님의 말씀에 순종해서 120년 동안 산 위에서 방주를 만들었습니다.

하나님은 모세의 뒤를 이어 지도자가 된 여호수아에게 "내 종 모세가 죽었으니 이제 너는 이 모든 백성과 더불어 일어나 이 요단을 건너 내가 그들 곧 이스라엘 자손에게 주는 그 땅으로 가라"(수 1:2)고 말씀하셨고, 기드온에게도 "백성이 아직도 많으니 그들을 인도하여 물가로 내려가라"(삿 7:4), 300명의 용사들이 선발되었을 때에는 "일어나 진영으로 내려가라"(삿 7:9)고 말씀하셨습니다.

믿음은 명사가 아니라 동사입니다. 믿음은 한때의 고백이나 이론이 아니라 동사입니다. 믿음은 당신이 가진 어떤 것이 아니라, 당신이 행하는 어떤 것입니다. 당신 안에 믿음이 생겼습니까? 그렇다면 행동으로 옮기십시오. 행동으로 나타나지 않는 것은 믿음이 아닙니다.

셋째는, 하늘을 우러러보는 믿음입니다.

"돌을 옮겨 놓으니 예수께서 눈을 들어 우러러보시고"(요 11:41a).

돌을 옮겨 놓았을 때 예수님은 눈을 들어 우러러보셨습니다. 무덤을 바라보지 않으셨습니다. 죽은 지 나흘이나 되어 썩어져 냄새나는 나사로의 시체를 바라보지 않으셨습니다. 예수님은 하나님 아버지를 바라보신 것입니다.

하나님의 영광을 보려면 하늘을 우러러 주님을 바라봐야 합니다. 그런데 우리는 처해 있는 상황과 환경만을 바라봅니다. 우리 인생의 풍랑과 파도만을 바라봅니다. 문제만을 바라봅니다. 물 위를 거닐던 베드로가 왜 물속으로 빠졌을까요?

"바람을 보고 무서워 빠져 가는지라"(마 14:30a).

베드로가 주님을 바라볼 때에는 파도 위를 밟고 걸었습니다. 그러나 발아래 풍랑을 바라볼 때 물속에 빠지고 말았습니다. 이 장면이 우리에게 주는 교훈이 있습니다. 이 세상을 살아가면서 하나님의 영광을 보려면 "믿음의 주요 또 온전하게 하시는 이인 예수"(히 12:2)를 바라봐야 한다는 것입니다.

넷째는, 먼저 감사하는 믿음입니다.

"이르시되 아버지여 내 말을 들으신 것을 감사하나이다"(요 11:41b).

하늘을 우러러보신 예수님은 아버지에게 감사의 기도를 드리셨습니다. 그리고 "항상 내 말을 들으시는 줄을 내가 알았나이다"(요 11:42)라고 말씀하셨습니다. 예수님은 "내 말을 들으신 것을 감사"(요 11:41)하셨습니다. 또한 언제나 기도에 응답해 주심으로 인해 감사하셨습니다.

기적이 아니라 감사가 먼저입니다. 그런데 우리는 "기적이 일어나게 해 주십시오. 그러면 제가 감사하겠습니다"라고 말합니다. 이것은 신앙이 아닙니다. 감사할 때 기적이 일어납니다. 감사할 때 하늘의 문이 열립니다.

하나님을 진실하게 믿고 따르는 성도라면 하나님의 영광을 볼 수 있어야 합니다. 다른 사람이 아닌 우리 한 사람, 한 사람이 하나님의 영광을 볼 수 있어야 합니다. 하나님의 말씀을 온전히 믿는 믿음, 믿음으로 무덤의 문을 여는 믿음, 하늘을 우러러보는 믿음, 먼저 감사하는 믿음으로 말입니다. 믿으십시오! 당신의 그 믿음으로 하나님의 영광을 볼 것입니다.

믿음은 명사가 아니라 동사입니다.

믿음은 한때의 고백이나 이론이 아니라 동사입니다.

믿음은 당신이 가진 어떤 것이 아니라,

당신이 행하는 어떤 것입니다.

당신 안에 믿음이 생겼습니까?

그렇다면 행동으로 옮기십시오.

행동으로 나타나지 않는 것은 믿음이 아닙니다.

"내가 신실한 형제로 아는 실루아노로 말미암아 너희에게 간단히 써서 권하고 이것이 하나님의 참된 은혜임을 증언하노니 너희는 이 은혜에 굳게 서라"

벧전 5:12

04
굳게 서는 은혜

갈대처럼 꺾이지 않는
믿음을 가지라

서양 속담에 "시냇가에 돌들을 치우지 말라. 걸린다고 해서 돌들을 치워 버리면 시내는 노래를 잃어버린다"는 말이 있습니다. 돌들이 있기 때문에 시냇물이 흘러가면서 노래를 창조한다는 것입니다. 베드로의 서신이 이와 같습니다. 핍박과 고난이 극심한 때에 오히려 여호와 하나님을 찬송하는 입술의 고백들이 넘쳐났습니다. 베드로전·후서는 베드로가 네로 황제의 박해를 받고 있던 초대교회 성도들을 위로하고 격려하기 위해 보낸 편지입니다. 본문은 편지의 마무리 부분으로서 끝인사에 해당되는 내용입니다.

신실한 형제 실루아노

베드로는 편지를 마무리하면서 신실한 형제인 실루아노에 대해 먼저 언급합니다.

> "내가 신실한 형제로 아는 실루아노로 말미암아 너희에게 간단히 써서 권하고"(벧전 5:12a).

베드로가 언급한 실루아노는 우리가 잘 아는 실라와 동일한 인물입니다. '실루아노'라는 이름은 로마식(라틴어) 표기이고, '실라'는 헬라식(그리스어) 표기입니다. 사도행전 15장을 보면 실루아노, 곧 실라는 예루살렘 공의회의 중요한 결정을 바울과 바나바와 함께 안디옥 교회에 전달한 사람으로 등장합니다.

> "이에 사도와 장로와 온 교회가 그중에서 사람들을 택하여 바울과 바나바와 함께 안디옥으로 보내기를 결정하니 곧 형제 중에 인도자인 바사바라 하는 유다와 실라더라"(행 15:22).

당시 예루살렘 공의회는 이방인이라 할지라도 예수를 믿으면 모세의 율법으로부터 해방될 수 있다는 중요한 결정을 내렸습니다. 그리고 중요한 결정을 안디옥 교회에 전달하고자 할 때 유다와 함께 실라를 선택했습니다. 실라가 예루살렘 공의회의 중요한 결정을 전달하는 자로 선택된 것을 보면 예루살렘 교회 성도들과 지도자로부터 신뢰를 받는 사람이었음을 알 수 있습니다.

뿐만 아니라 실라는 바울의 신실한 동역자였습니다. 바울은 제2차 전도여행 당시 제1차 전도여행 때 이탈했던 마가를 대신해 실라를 데리고 떠났습니다. 사도행전 16장을 보면 실라는 바울과 함께 복음을 전하다가 붙잡혀 억울하게 누명을 쓰고 감옥에 갇히기도 했습니다. 그리고 그날 저녁 매를 맞아 붓고 터진 몸을 붙들고 차가운 감옥에서 바울과 함께 기도하고 찬양을 불렀습니다. 이렇게 실라는 바울과 함께 복음을 전했고, 함께 고난을 당했으며, 감옥에 갇히기도 했습니다.

본문에서 베드로는 고난 받는 초대교회 성도들을 위로하기 위해 편지를 쓰면서 실루아노를 신실한 형제로 언급합니다. 베드로는 편지 에필로그에서 '신실한 형제로 아는 실루아노로 말미암아 너희에게 이 편지를 썼다'고 말합니다. 바울의 신실한 동역자였던 실라가 이제는 베드로의 신실한 동역자가 된 것입니다.

실라가 베드로의 동역자가 된 건 언제부터였을까요? 학자들은 바울이 예루살렘으로 올라가 로마까지 가는 순교 여행을 할 때 당시 베드로가 관심을 갖고 사역하던 지금의 터키 갑바도기아로 가서 베드로와 합류하지 않았을까 추측하고 있습니다.

중요한 것은, 실라가 바울과 헤어졌지만 변함없이 베드로와 함께 복음을 전하며 사역을 감당했다는 것입니다. 사실 베드로에게는 영성과 지성을 겸비한 동역자가 필요했습니다. 그래서 하나님은 로마의 시민권자이자 영성과 지성을 겸비한 실라를 베드로에게 보내어 함께 동역하게 하셨습니다. 그때부터 베드로는 실루아노를 신실한 형제라고 기록하고 있습니다.

누 가 신 실 한 사 람 인 가

그렇다면 신실한 사람은 어떤 사람일까요? 여기 '신실한'으로 번역된 헬라어는 '피스투'인데 그 원형이 '피스토스', 즉 '믿음'이라는 뜻입니다. 신실한 사람이란 우리 주 예수 그리스도를 향한 절대적 믿음을 가진 자, 변하지 않는 마음을 가진 자입니다. 처음과 끝이 같은 사람입니다. 어떤 환경에 처하든지, 누구를 만나든지 그 마음이 변하지 않는 사람입니다.

사람은 상황에 따라 변합니다. 시대에 따라 변질됩니다. 그러나 실라는 예루살렘 교회의 회중으로 있을 때도 신실한 사람이었습니다. 바울과 동역할 때도 마찬가지였습니다. 베드로와 함께할 때도 그는 신실한 사람이었습니다. 그는 언제나 변함없이 복음을 위해 살았습니다. 베드로만이 아니라 이 편지를 받는 초대교회 성도들 역시 실루아노를 신실한 형제로 알고 있었습니다.

생각해 봅시다. 사람들은 당신을 어떤 사람으로 알고 있을까요? 당신의 인생을 한마디로 평가해 달라고 한다면 사람들은 무엇이라 말할까요? 혹시 '계산에 빠른 사람', '야곱처럼 속이는 사람', 아니면 이익에 따라 여기 붙었다 저기 붙었다 하는 '박쥐같은 사람'으로 생각하고 있지는 않을까요?

교회마다 정말 신실한 하나님의 사람들이 많습니다. 남이 알아주지 않아도, 힘들고 어려운 일을 만나도 변함없이 자신의 자리를 지키며 충성하는 신실한 성도들, 언제나 한결같은 사람들이 있습니다. 처음과 끝이 같은 사람들이 있습니다. 바라기는 이 땅의 주님의 몸 된 교회의 성도들이 실루아노처럼 변하지 않고 언제나 한결같은, 처음과 끝이 같은 신실한 사람들이 될 수 있기를 소망합니다.

이것이 하나님의 참된 은혜

베드로는 고난 중에 있는 성도들에게 보내는 편지를 마무리하면서 다시 한 번 자신이 왜 이 편지를 쓰게 되었는지에 대해 기록하고 있습니다.

"이것이 하나님의 참된 은혜임을 증언하노니 너희는 이 은혜에 굳게 서라"(벧전 5:12b).

그렇습니다. 바로 이것이 하나님의 참된 은혜임을 증언하기 위해 서입니다. 베드로는 하나님의 은혜를 말하면서 '참된'이라는 표현을 사용하고 있습니다. 그렇다면 '거짓된 은혜'도 있다는 것입니다. 우리가 사는 세상에는 참된 은혜만 있는 것이 아니라 거짓된 은혜도 있습니다. 뿐만 아니라 값싼 은혜도 있습니다. 20세기의 순교자로 불리는 본회퍼는 '회개 없는 용서, 고백 없는 세례, 십자가 없는 은혜, 희생 없는 제자도'를 값싼 은혜라고 했습니다. 예수 그리스도는 없고 그저 예수만 믿으면 복을 받는다고 가르치는 기복주의와 번영신학이 바로 값싼 은혜인 것입니다.

참된 은혜란 값없이 베풀어 주시는 하나님의 호의와 사랑을 말합니다. 하나님의 참된 은혜가 무엇인지를 함축적으로 담고 있는 말씀이 있습니다.

"모든 은혜의 하나님 곧 그리스도 안에서 너희를 부르사"(벧전 5:10a).

사도 베드로는 하나님의 은혜를 말하기에 앞서 하나님을 '모든 은혜의 하나님'이라고 했습니다. 맞습니다. 하나님은 모든 은혜의 하나님이십니다. 하나님은 과거에만 은혜를 베푸신 분이 아니라 지금 현재도 은혜를 베푸시고, 잘나갈 때만이 아니라 고난과 역경의 때에도 은혜를 베푸시며, 우리가 이 땅을 떠나는 순간에도 은혜를 베푸시고, 주님이 재림하시는 순간에도 은혜를 베푸시는 분입니다. 하나님은 영이시므로 시간과 공간과 환경의 지배를 받지 않으십니다. 그러므로 언제든지, 어떤 상황 가운데 있든지 우리에게 은혜를 베푸십니다. 그래서 베드로는 하나님을 모든 은혜의 하나님이라고 했습니다.

그러면 모든 은혜의 하나님이 베풀어 주신 하나님의 참된 은혜는 무엇일까요?

첫째, 부르심의 은혜입니다.

"모든 은혜의 하나님 곧 그리스도 안에서 너희를 부르사 자기의 영원한 영광에 들어가게 하신 이가"(벧전 5:10a).

하나님의 참된 은혜는 '모든 은혜의 하나님이 우리를 그리스도 안에서 부르신 것'입니다. 하나님은 모세를 부르셨고, 아브라함을 부르셨습니다. 예수님은 열두 제자들을 부르셨고, 십자가의 원수로 행하던 사울을 이방인의 사도로 부르셨습니다. 마찬가지로 그리스도 밖에 있던, 세상 속에 있던 우리를 그리스도의 것으로, 즉 성도로 부르셨습니다.

"너희도 그들 중에서 예수 그리스도의 것으로 부르심을 받은 자니라 로마에서 하나님의 사랑하심을 받고 성도로 부르심을 받은 모든 자에게"(롬 1:6-7a).

교회는 '에클레시아'로 '부르심을 입은 사람들의 모임'이란 뜻입니다. 로마서 8장 28절은 하나님의 뜻대로 부르심을 입었다고 말합니다.

"우리가 알거니와 하나님을 사랑하는 자 곧 그의 뜻대로 부르심을 입은 자들에게는 모든 것이 합력하여 선을 이루느니라."

'그의 뜻대로 부르심을 입었다'는 것은 우리의 부르심이 오직 하나님의 은혜로 이루어졌음을 말합니다. 그래서 고린도전서 1장 26절에서는 부르심을 받은 자들의 면면을 이렇게 소개하고 있습니다.

"형제들아 너희를 부르심을 보라 육체를 따라 지혜로운 자가 많지 아니하며 능한 자가 많지 아니하며 문벌 좋은 자가 많지 아니하도다."

하나님은 이런 자들을 왜 부르셨을까요?

"이는 아무 육체도 하나님 앞에서 자랑하지 못하게 하려 하심이라"(고전 1:29).

아무 육체도 하나님 앞에서 자랑하지 못하게 하기 위해서입니다. 우리의 부르심이 오직 하나님의 은혜임을 고백하도록 하기 위해서입니다. 우리가 부르심을 받은 것은 전적으로 하나님의 은혜입니다. 우리는 아무런 조건 없이, 값없이 베풀어 주시는 하나님의 호의와 사랑으로 부르심을 입었습니다. 이것이 바로 하나님의 은혜의 시작인 것입니다.

둘째, 영원한 영광에 들어가게 하신 은혜입니다.

"모든 은혜의 하나님 곧 그리스도 안에서 너희를 부르사 자기의 영원한 영광에 들어가게 하신 이가"(벧전 5:10a).

하나님이 우리를 부르신 목적은 이 땅에서 출세하고, 잘 먹고, 건강하게 잘살도록 하시기 위해서가 아니라, 자기의 영원한 영광에 들어가게 하시기 위해서입니다. 영원한 영광이란 우리가 그리스도와 함께 그리스도 안에서 누리게 될 구원을 말합니다.

"그러므로 내가 택함 받은 자들을 위하여 모든 것을 참음은 그들도 그리스도 예수 안에 있는 구원을 영원한 영광과 함께 받게 하려 함이라"(딤후 2:10).

그리스도 예수 안에 있는 구원을 영원한 영광이라고 말합니다. 영원한 영광은 우리가 장차 그리스도 안에서 누리게 될 천국의 영광을 가리킵니다. 모든 죄성에서 벗어나 죄와 죽음으로부터 자유함을 얻게 되는 영광을 말합니다.

그런데 이 땅, 이 세상의 영광은 영원하지 않습니다. 풀의 꽃과 같습니다. 베드로는 "모든 육체는 풀과 같고 그 모든 영광은 풀의 꽃과 같으니 풀은 마르고 꽃은 떨어지되"(벧전 1:24)라고 했습니다. 기억하십시오. 우리가 받은 구원은 영원한 영광입니다. 이로써 예수님이 하나님의 아들로서 누리시는 영광을 우리가 함께 누리게 됩니다.

셋째, 고난의 은혜입니다.

"자기의 영원한 영광에 들어가게 하신 이가 잠깐 고난을 당한 너희를 친히 온전하게 하시며 굳건하게 하시며 강하게 하시며 터를 견고하게 하시리라"(벧전 5:10b).

하나님이 우리에게 주시는 참된 은혜는 고난의 은혜입니다. 우리는 과거에 죄 가운데서 부르심의 은혜를 입었습니다. 현재도 하나님의 은혜 가운데 살고 있습니다. 그리고 장차 그리스도가 들어가신 그 영원한 영광에 들어가는 은혜를 누리게 될 것입니다.

그런데 부르심을 받고 영원한 영광에 들어가는 그리스도인들이 이 땅에 사는 동안 피할 수 없는 것이 있습니다. 바로 고난의 은혜입니다. 주지하다시피 베드로는 박해로 인해 고난 중에 있는 성도들을 위로하고 격려하기 위해 이 편지를 쓰고 있습니다. 이 편지를 받는 사람들은 하루하루 신앙을 위해 목숨을 걸어야 하는 상황 가운데 있습니다.

그렇다면 고난이 하나님의 참된 은혜인 것은 왜일까요? 답은 명료합니다. 우리가 주님과 함께 누리게 될 영원한 영광과 비교해 보면 그 고난은 잠깐이기 때문입니다. 사도 바울도 "현재의 고난은 장차 우리에게 나타날 영광과 비교할 수 없도다"(롬 8:18)라고 말했습니다. 또한 고난은 유익을 가져다줍니다.

"잠깐 고난을 당한 너희를 친히 온전하게 하시며 굳건하게 하시며 강하게 하시며 터를 견고하게 하시리라"(벧전 5:10b).

어느 날 C. S. 루이스에게 한 사람이 찾아왔습니다. 그는 "왜 인간에게 고난이 있어야 합니까?"라고 질문했습니다. 그때 루이스는 이렇게 대답했습니다. "그렇지 않아도 타락한 인간이 고난마저 없었다면 얼마나 교만하겠는가?"

인간은 고난이 있기 전에는 하나님에게 귀를 기울이지 않습니다. 고난마저 없다면 우리 인간들은 더 죄를 범하고 교만하게 될 것입니다. 고난이 있기 때문에 하나님을 찾고, 하나님을 생각하며, 하나님 앞에 나아오게 되는 것입니다.

고난은 힘들고 어렵습니다. 고난을 좋아하는 사람은 아무도 없습니다. 그러나 고난은 우리를 온전하게 하며, 굳건하게 하며, 강하게 하며, 터를 견고하게 만듭니다. 고난을 통해서만 경험할 수 있는 은혜가 있습니다. 이런 고난의 유익이 있기에 고난을 하나님의 참된 은혜라고 말하는 것입니다.

이 은혜에 굳게 서라

"이것이 하나님의 참된 은혜임을 증언하노니 너희는 이 은혜에 굳게 서라"(벧전 5:12b).

'은혜에 굳게 선다'는 것은 흔들리지 않는 것을 말합니다. 복음 때문에, 신앙 때문에 고난을 당하고 핍박을 받을지라도 나를 부르시고 자기의 영원한 영광에 들어가신 하나님의 참된 은혜를 생각하며 흔들리지 말라는 것입니다.

'은혜에 굳게 서라'는 것은 가짜 은혜에 미혹되지 말라는 것입니다. 예수만 믿으면 잘된다고, 고난이 없다고 말하는 값싼 은혜, 거짓된 은혜에 속지 말라는 것입니다. 죄를 지어도 회개하지 말라 말하고, 십일조는 율법이라고 말하는 거짓된 교훈에 흔들리지 말라는 것입니다.

'은혜에 굳게 서라'는 것은 하나님의 말씀과 창조를 부정하는 세상의 가르침에 흔들리지 말라는 것입니다. 세상 사람들이 죽으면 끝이라고 말하며 내세를 부정하고 오늘의 교회를 비난하고 조롱해도 그것 때문에 흔들리지 말라는 것입니다.

'은혜에 굳게 서라'는 것은 세상의 출세가 아름답게 보이고, 세상의 즐거움이 영원할 것처럼 보여도 그것 때문에 흔들리지 말라는 것입니다. 그것은 잠깐이고 우리가 장차 그리스도와 함께 누리게 될 영광은 영원한 것이기에 하나님의 참된 은혜에 굳게 서라는 것입니다.

우리는 신자유주의 시대에 여러 사상의 혼합과 편견 속에서 믿음을 지키며 살아야 하는 그리스도인입니다. 그런데 세상의 길과 믿음의 길은 서로 반대 방향으로 향하고 있습니다. 그러다 보니 믿음을 지키며 그 길을 가기로 결정하면 세상의 거센 핍박이 파도처럼 우리를 향해 몰려옵니다. 그럴 때마다 기억하십시오. 이 세상에서의 고난은 잠깐이고, 주님과 함께 누리게 될 영광은 영원합니다. 두려워하지 말고 오직 주의 영광만 바라보십시오. 주의 나라를 꿈꾸십시오. 흔들리지 말고, 이 은혜에 굳게 서십시오.

Stand Firm In His Grace

2부

하나님의
은혜를
받으라

"너희는 그 은혜에 의하여 믿음으로 말미암아 구원을 받았으니 이것은 너희에게서 난 것이 아니요 하나님의 선물이라 행위에서 난 것이 아니니 이는 누구든지 자랑하지 못하게 함이라 우리는 그가 만드신 바라 그리스도 예수 안에서 선한 일을 위하여 지으심을 받은 자니 이 일은 하나님이 전에 예비하사 우리로 그 가운데서 행하게 하려 하심이니라"

엡 2:8-10

구원의 빚은
은혜의 빚으로만 갚을 수 있다

우리가 받은 은혜 중에 가장 크고 귀한 은혜는 바로 구원의 은혜입니다.

"너희는 그 은혜에 의하여 믿음으로 말미암아 구원을 받았으니 이것은 너희에게서 난 것이 아니요 하나님의 선물이라"(엡 2:8).

이 말씀에는 네 가지 중요한 단어가 나옵니다. '은혜, 믿음, 구원, 선물'이 그것입니다. 이 네 가지는 따로 분리되거나 구분될 수 없는 단어들입니다. 왜냐하면 '은혜, 믿음, 구원, 선물'은 모두 연결되어 있기 때문입니다. 이 중에 하나만 빠져도 구원의 은혜를 온전히 이해할 수 없습니다.

구원

구원은 무엇일까요? 구원의 사전적 정의는 "어려움이나 위험에 빠진 사람을 구하여 줌"입니다. 성경이 말하는 구원은 '죄와 죽음에서 건짐을 받는 것'입니다. 그래서 사도 바울은 예수님이 "허물과 죄로 죽었던 너희를 살리셨도다"(엡 2:1)라고 했습니다. 구원은 하나님의 진노인 죄와 죽음의 문제를 해결 받는 것입니다.

사도 바울은 아담의 후손으로 태어난 인간들은 모두 죄인이라고 말했습니다.

"모든 사람이 죄를 범하였으매 하나님의 영광에 이르지 못하더니"(롬 3:23).

죄에는 아담으로부터 내려오는 '원죄'(original sin)와 태어나서 지은 '자범죄'(actual sin)가 있습니다. 그런데 사람들은 자신이 지은 죄는 인정하면서도 아담으로부터 흘러오는 원죄는 인정하지 않습니다. 하지만 아무리 원죄를 무시하고 부정하려 해도 아담의 후손으로 태어난 인간은 그 원죄로부터 자유로울 수 없습니다. 구원을 받으려면 가장 먼저 자신이 완벽한 죄인임을 인정해야 합니다. 구원은 죄의 문제를 해결 받는 것입니다.

구원은 또한 죽음의 문제를 해결 받는 것입니다. 인간에게 죽음이 온 이유는 무엇일까요? 죄 때문입니다. 죄로 인해 우리 인간 세계에 죽음이 왔습니다. 하나님은 첫 사람 아담과 언약을 맺으시고 이렇게 말씀하셨습니다.

> "선악을 알게 하는 나무의 열매는 먹지 말라 네가 먹는 날에는 반드시 죽으리라"(창 2:17).

인류의 시조인 아담은 사탄의 유혹을 받아 선악을 알게 하는 나무의 열매를 따 먹고 말았습니다. 그 결과 모든 인간은 죽음의 법아래 매임을 당하게 되었습니다. 이로써 사망이 우리 가운데 왕 노릇하게 되었습니다.

죽음에는 영적인 죽음과 육체적인 죽음 그리고 둘째 사망인 영원한 죽음이 있습니다. '영적인 죽음'은 우리 영혼이 하나님과 단절되는 것입니다. 하나님의 형상대로 지음 받은 인간은 하나님과 영적 교제를 나누며 살도록 창조되었습니다. 그런데 죄로 인해 우리의 영이 죽음으로 말미암아 하나님과의 교제가 단절되었습니다. 이것이 바로 영적인 죽음입니다.

'육체적인 죽음'은 내 육체로부터 영혼이 분리되는 것입니다. 이는 인간이 이 땅에서 경험하는 죽음입니다. 죄의 문제를 해결 받지 못하고 죽은 영혼은 그 영이 육체를 벗어나는 순간 유황불이 타오르는 지옥의 불 못에 던짐을 당하게 됩니다.

또한 성경에 보면 둘째 사망, 곧 '영원한 죽음'이 있습니다. 영원한 죽음은 주님이 재림하시는 날 몸과 영혼이 다시 하나 되어 영원한 심판을 받게 되는 것을 말합니다. 구원이란 바로 이 죄와 죽음의 문제를 해결 받는 것입니다. 죄와 죽음의 문제를 해결 받음으로 하나님의 자녀가 되는 것입니다. 죄와 죽음의 법에서 해방되어 영원한 생명을 얻게 되는 것입니다. 이것이 바로 구원입니다.

믿음

"하나님이 세상을 이처럼 사랑하사 독생자를 주셨으니 이는 그를 믿는 자마다 멸망하지 않고 영생을 얻게 하려 하심이라"(요 3:16).

믿음은 굉장히 단순합니다. 누구든지 예수를 믿는 자는 멸망하지 않고 영생을 얻습니다. 그래서 사도 바울은 간수가 "내가 어떻게 하여야 구원을 받으리이까"(행 16:30)라고 물을 때 "주 예수를 믿으라 그리하면 너와 네 집이 구원을 받으리라"(행 16:31)라고 말했습니다. 예수를 믿음으로만 구원을 얻습니다. 이것은 절대적 진리입니다.

그렇다면 믿음이란 무엇일까요? 예수를 믿는다는 것은 구체적으로 무엇일까요? 믿음이란 하나님이 말씀하신 것을 그대로 받아들이는 것입니다. 하나님이 우리의 구원을 위해 독생자 예수 그리스도를 이 세상에 보내셨음을 믿는 것입니다. 2천 년 전 예수 그리스도가 나의 모든 죄를 대신 담당하시고 십자가에 달려 고난 받고 죽으심으로 내 모든 죗값을 지불하셨음을 믿는 것입니다. 예수님이 사망의 권세를 이기시고 부활하사 그 생명으로 나를 거듭나게 하셨음을 믿는 것입니다.

우리는 이 사실을 믿고 받아들임으로써 모든 죄를 용서받았습니다. 그리고 죽어 있던 영이 죽음을 이긴 부활의 생명으로 다시 태어나게 되었습니다. 마침내 하나님의 자녀가 된 것입니다. 그래서 하나님을 아빠, 아버지라 부르게 되었습니다. 새로운 피조물이 되었습니다. 주님이 내 안에, 내가 주님 안에 거하게 되었습니다. 그리고 이 땅에 사는 동안 세상이 줄 수 없는 평안과 기쁨을 누리게 되었습니다. 또한 장차 주님이 우리를 위해 예비해 놓으신 그 영광스러운 천국에 들어가게 될 것입니다. 우리는 이렇게 믿음으로 놀라운 구원을 받았습니다.

은혜

"너희는 그 은혜에 의하여 믿음으로 말미암아 구원을 받았으니"(엡 2:8a).

믿음은 하나님의 은혜의 산물입니다. 믿음이 생기게 된 것은 바로 하나님의 은혜 때문입니다. 바울은 복음을 "하나님의 은혜의 복음"(행 20:24)이라고 말했습니다. 분명히 내가 예수를 믿었습니다. 예수를 믿고 받아들인 사람은 당사자인 나 자신입니다. 하지만 성경은 내가 예수를 믿고 받아들이게 된 것이 하나님의 은혜였다고 말합니다.

사실 우리가 믿는 이 복음은 인간의 이성과 상식으로는 결코 받아들일 수 없는 것들입니다. 어떻게 아담이 죄를 지었는데 그 후손으로 태어난 우리가 죄인이 되어야 합니까? 어떻게 하나님의 아들 예수 그리스도가 2천 년 전에 우리 죄를 대신해서 십자가에 달려 죽으실 수 있단 말입니까? 어떻게 죽은 지 사흘 만에 무덤 가운데서 부활하실 수 있으며, 예수님이 십자가에서 흘리신 피가 우리의 모든 죄를 사할 수 있단 말입니까? 사실 복음은 죽었다 깨어나도 믿을 수 없는 내용들입니다. 그런데 놀랍게도 우리는 어느 날 이 사실이 의심 없이 믿어졌습니다. 이 사실 때문에 뜨거운 눈물을 흘리며 감격했습니다. 그리고 이 복음을 전하기 위해 살아가고 있습니다.

이것은 우리 인생 가운데 일어난 최고의 기적입니다. 하나님의 은혜가 임했기에 가능한 것입니다. 성령이 역사하셔서 이 사실을 깨닫게 하시고 확신을 갖게 했습니다. 그래서 사도 바울은 "성령으로 아니하고는 누구든지 예수를 주시라 할 수 없느니라"(고전 12:3), "믿음은 모든 사람의 것이 아니니라"(살후 3:2)고 말했습니다. 사도 바울은 계속해서 하나님으로부터 온 영, 곧 성령을 받았기에 하나님이 우리에게 은혜로 주신 것들을 알게 되었다고 말합니다.

"우리가 세상의 영을 받지 아니하고 오직 하나님으로부터 온 영을 받았

으니 이는 우리로 하여금 하나님께서 우리에게 은혜로 주신 것들을 알게

하려 하심이라"(고전 2:12).

우리는 믿음으로 구원을 받았습니다. 그 믿음은 하나님의 은혜로

말미암아 우리 가운데 주어졌습니다. 그리고 성령이 역사하셔서 하

나님이 우리에게 은혜로 주신 것들을 알게 되었습니다.

하 나 님 의   선 물

하나님은 우리가 은혜로 받은 구원을 선물이라고 말씀하십니다.

"너희는 그 은혜에 의하여 믿음으로 말미암아 구원을 받았으니 이것은

너희에게서 난 것이 아니요 하나님의 선물이라"(엡 2:8).

선물은 대가 없이 공짜로 받는 것입니다. 어떤 선물이든 그것은 거

저 받는 것입니다. 만약 조금이라도 값을 치렀다면 그것은 선물이 아

닙니다. 대가를 지불했기 때문입니다. 우리가 믿음으로 말미암아 받

은 구원은 선물입니다. 그 이유는 내게서 난 것이 아니기 때문입니다.

"이것은 너희에게서 난 것이 아니요 하나님의 선물이라"(엡 2:8b).

구원은 나로부터 시작된 것이 아닙니다. 하나님으로부터 시작되었습니다. 하나님은 우리의 요청에 의해 독생자 예수 그리스도를 이 땅에 보내신 것이 아닙니다. 예수 그리스도는 우리와는 상관없이 인간의 몸을 입고 이 땅에 오셨습니다. 그리고 십자가에 달려 죽으시고 부활하셨습니다. 또 성령을 보내 주셨습니다. 그래서 우리로 하여금 복음의 진리를 깨닫게 하셨습니다.

사실 구원을 위해 우리가 해야 할 일은 하나도 없었습니다. 하나님이 계획하셨고, 하나님이 친히 인간의 몸을 입고 이 땅에 오사 우리의 구원을 이루셨고, 성령 하나님이 오셔서 그 구원을 성취하신 것입니다. 보십시오. 주님이 거저 주셨습니다. 때문에 우리의 구원은 하나님의 선물인 것입니다.

구원이 선물인 또 다른 이유는 행위에서 난 것이 아니기 때문입니다.

"행위에서 난 것이 아니니 이는 누구든지 자랑하지 못하게 함이라"(엡 2:9).

문맥적으로 보면 여기서 말하는 행위는 율법의 행위입니다. 할례를 받고, 안식일을 지키고, 율법을 지켜 행함으로 우리가 구원을 받게 되는 것이 아니라는 것입니다. 선한 일을 행하고, 공로를 쌓고, 금욕이나 고행과 같은 종교적 행위를 통해서 이루어지는 것 또한 아니라는 것입니다.

생각해 보십시오. 만일 인간이 선을 행하고 공적을 쌓아야만 구원을 얻는다면 어느 정도여야겠습니까? 만약 하나님이 우리를 구원하시는 데 정해 놓은 커트라인이 있다면 그 커트라인은 어느 정도이겠습니까? 안타깝게도 전적으로 타락한 우리 인간은 스스로 구원을 얻을 만한 능력이 없습니다. 선을 행할 만한 능력도 없습니다. 죽었다 깨어나도 우리의 노력과 수고로는 구원을 얻을 수가 없습니다. 때문에 우리는 오직 값없이 베풀어 주시는 하나님의 은혜에 의해 믿음으로 구원을 받습니다. 그러므로 구원은 성취가 아니라 하나님의 선물인 것입니다. 구원은 내 행위와는 상관없이 오직 하나님의 은혜로만 이루어지는 선물입니다.

구원의 목적

하나님은 우리의 행위가 아닌 오직 은혜로 구원을 받게 하셨습니다. 선한 일을 행하며 살도록 하시기 위함입니다.

"우리는 그가 만드신 바라 그리스도 예수 안에서 선한 일을 위하여 지으심을 받은 자니 이 일은 하나님이 전에 예비하사 우리로 그 가운데서 행하게 하려 하심이니라"(엡 2:10).

우리의 행함과 행위로는 구원받을 수 없습니다. 하지만 하나님이 은혜로 인간을 구원하신 것은 바로 선한 일을 행하도록 하시기 위함입니다.

은혜로 구원받았다면, 구원을 선물로 받았다면 이제 선을 행하십시오. 은혜로 구원받았으니 그 은혜에 감격해서 선을 행해야 합니다. 구원을 선물로 받았으니 가난한 사람이 있다면 구제하고, 병든 사람이 있다면 긍휼히 여기며 그를 위해서 기도해 주어야 합니다. 또한 고통당하는 자가 있다면 도와주고, 우는 자가 있다면 함께 울어 주어야 합니다. 하나님이 당신을 은혜로 구원해 주셨기 때문입니다.

구원의 은혜로 시작하라

하나님은 이스라엘 백성이 유월절을 지키도록 하셨습니다. 애굽에서 구원받은 것을 잊지 않고 살도록 하기 위해서입니다. 이스라엘 백성은 어떻게 430년간 애굽에서의 노예 생활을 청산하고 구원받을 수 있었을까요? 오직 하나님의 은혜입니다. 구원받기 위해 그들이 한 것은 아무것도 없었습니다. 그들은 하나님의 명령대로 어린 양을 잡고, 그 피를 문설주와 인방에 바르고, 집 안에 머무르기만 했습니다.

그날 저녁, 하나님이 애굽의 모든 장자와 초태생을 심판해서 죽이셨습니다. 하지만 이스라엘의 장자와 초태생은 죽지 않았습니다. 죽음의 사자가 문설주와 인방에 발린 피를 보고 건너뛰었기 때문입니다. 하나님은 이스라엘 백성에게 애굽에서 구원받은 이 달을 달의 시작, 곧 그해의 첫 달이 되게 하셨습니다.

"이 달을 너희에게 달의 시작 곧 해의 첫 달이 되게 하고"(출 12:2).

하나님은 이스라엘 백성이 애굽에서 은혜로 구원받은 것을 영원히 잊지 않고 기억하도록 매년 유대력으로 새해 첫째 달인 아빕월(니산월) 14일에 유월절을 지키도록 명하셨습니다. 그래서 유대인들은 지금도 유대력으로 새해 첫 달에 유월절을 지킵니다. 우리가 태양력을 사용하면서도 음력 1월 1일을 구정으로 지키는 것처럼, 이스라엘 백성도 태양력을 사용하면서 유대력으로 첫째 달 14일을 유월절로 지키는 것입니다.

하나님은 은혜로 구원받은 것을 기념하는 유월절을 달의 시작, 곧 새해를 시작하는 첫 달에 지키게 하셨습니다. 구원받은 백성에게 있어서의 구원은 새로운 피조물로서의 시작이기 때문입니다. 또 구원의 은혜를 기억하며 새해를 시작하도록 하시기 위해서입니다. 구원받은 하나님의 백성은 하나님의 은혜로 구원받은 것을 기억하며 새해를 시작해야 합니다. 더 나아가 구원의 은혜가 모든 날, 모든 일, 모든 사건에 있어 시작이 되도록 해야 합니다.

인생을 살다 보면 넘어질 때도 있습니다. 사업에 실패할 때도 있습니다. 하나님과의 첫사랑을 잃어버릴 때도 있고, 사탄의 참소를 받을 때도 있습니다. 또한 방황할 때도 있고, 인생이 외롭고 허무할 때도 있습니다. 그럴 때마다 나 같은 죄인을 살리신 주님의 은혜를 생각해 보십시오. 나 같은 죄인을 구원하신 하나님의 은혜가 믿어지고 깨달아진다면 당신은 결코 절망하지 않을 것입니다. 아무리 힘들어도 인생을 포기하지 않을 것입니다. 다시 일어설 것입니다. 나는 나 자신을 포기해도 은혜로 구원하신 하나님은 나를 포기하지 않으신 채 붙들고 계시기 때문입니다.

만일 하나님이 은혜가 아닌 나의 의로움과 선한 행위를 보고 구원하셨다면 하나님 역시 나에게 실망해서 언제든지 나를 포기해 버리실 수 있습니다. 그러나 하나님은 오직 은혜로 구원하시기에 오늘도 우리를 포기하지 않으시고 은혜 위에 은혜를 베푸십니다. 그렇기에 구원의 은혜를 아는 자는 인생을 포기하지 않습니다. 구원의 은혜를 아는 자는 다시 시작할 수 있습니다.

우리는 매일 아침 우리를 구원해 주신 하나님의 은혜를 기억하며 새롭게 시작할 수 있어야 합니다. 구원의 은혜를 생각하며 힘차게 달려갈 수 있어야 합니다. 구원의 은혜가 모든 날의 시작, 모든 삶의 시작이기 때문입니다.

구원은 내 행위와는 상관없이
오직 하나님의 은혜로만 이루어지는 선물입니다.

"네가 들어가 차지하려 하는 땅은 네가 나온 애굽 땅과 같지 아
니하니 거기에서는 너희가 파종한 후에 발로 물 대기를 채소밭
에 댐과 같이 하였거니와 너희가 건너가서 차지할 땅은 산과 골
짜기가 있어서 하늘에서 내리는 비를 흡수하는 땅이요 네 하나
님 여호와께서 돌보아 주시는 땅이라 연초부터 연말까지 네 하
나님 여호와의 눈이 항상 그 위에 있느니라"   신 11:10-12

06

은혜를 아는 은혜

은혜를 맛본 사람은
은혜 없이 살 수 없다

스탠퍼드대학에 다니는 가난한 두 학생이 폴란드의 세계적인 피아니스트 파데레브스키를 초청해 음악회를 열기로 했습니다. 음악회를 열어 판매한 티켓 수익금으로 학자금을 마련하겠다는 기발한 발상이었습니다. 하지만 티켓 판매는 예상보다 저조했고, 둘은 오히려 적자를 면치 못했습니다. 때문에 학자금은커녕 빚만 떠안게 될 위기에 처했습니다. 이 소식을 들은 파데레브스키는 티켓 수익금 전액을 그들에게 다시 돌려주며 두 사람의 인생을 격려해 주었습니다.

파데레브스키는 훗날 폴란드의 대통령이 되었고, 당시 유럽은 세계대전 후유증으로 인해 극심한 빈곤에 처하게 되었습니다. 파데레브스키는 이에 미국에 식량 원조를 요청했고, 당시 미국의 31대 대통령이었던 후버는 아낌없는 도움을 주었습니다. 그러고는 정중히 감사를 표한 파데레브스키에게 이렇게 말했습니다.

"기억하십니까? 그때 참 고마웠습니다. 제가 스탠퍼드를 다니던 가난한 시절에 당신의 무조건적인 도움이 아니었다면 지금의 제가 없었을지도 모릅니다."

은혜에 굳게 서려면 은혜를 알아야 합니다. 430년 동안 애굽에서 종살이하던 이스라엘 백성이 오직 은혜로 출애굽한 것처럼 우리도 오직 하나님의 은혜로 구원을 받았습니다. 예수를 믿음으로 구원을 받았습니다. 구원을 받음으로 죄와 죽음의 문제를 해결 받았습니다.

성경은 하나님의 은혜에 의해 우리가 믿음을 갖게 되었다고 말씀합니다. 이것은 곧 성령의 역사로 말미암음을 말합니다. 바울은 "성령으로 아니하고는 누구든지 예수를 주시라 할 수 없느니라"(고전 12:3)고 말했습니다. 성령이 역사해 주셨기에 인간의 이성과 상식으로는 이해되지 않는 이 복음을 믿고 받아들이게 된 것입니다.

하나님은 왜 구원을 선물로 주셨을까요? 구원은 어떤 대가를 지불해도 살 수 없기 때문입니다. 우리의 어떤 행위와 노력으로도 구원을 얻을 수 없기 때문입니다. 오직 하나님이 선물로 주셔야만 구원을 받고 누릴 수 있기 때문입니다. 이렇게 우리는 하나님의 은혜로 구원을 받았습니다.

그렇다면 은혜로 구원받은 우리는 어떻게 살아야 할까요? 단순합니다. 은혜로 살아야 합니다. 구원받고 난 이후에도 하나님의 은혜가 필요합니다. 본문은 은혜로 구원받고 난 이후에도 여전히 하나님의 은혜가 필요함을 가르쳐 주고 있습니다.

가나안 땅과 애굽 땅

"네가 들어가 차지하려 하는 땅은 네가 나온 애굽 땅과 같지 아니하니"(신 11:10a).

본문 10절에는 '차지하려는 땅'과 '애굽 땅'이라는 두 땅이 나옵니다. 애굽 땅은 이스라엘 백성이 430년 동안 종살이를 하던 땅이었습니다. 그들은 애굽 왕 바로의 폭정 밑에서 노역을 하며 고통 속에 하루하루를 살아야만 했습니다. 그런데 하나님이 모세를 보내어 이스라엘 백성을 구원해 내셨습니다. 이 사건은 단순한 이스라엘의 역사적 사건이 아닙니다. 죄의 종으로 사탄의 압제 가운데 살던 인간이 어떻게 구원받을 수 있는지를 보여 주는 구속사적인 사건입니다.

애굽 왕 바로는 사탄을 상징합니다. 죽음을 면하게 해 주었던 어린 양의 피는 예수님이 십자가에서 흘리실 피를 말합니다. 그리고 모세는 장차 구원자로 오실 예수 그리스도를 예표합니다. 그러므로 본문에 나오는 애굽 땅은 우리가 예수를 알지 못하고 사탄의 종이 되어 죄와 죽음의 법아래 살았던 때를 말합니다.

이스라엘 백성이 들어가서 차지하려는 땅은 가나안 땅입니다. 그 땅은 하나님이 믿음의 조상 아브라함에게 약속하신 땅입니다. 하나님은 아브라함과 언약을 맺으신 후에 '네 자손이 400년 동안 이방에서 객이 되어 괴롭힘을 당하다가 4대 만에 큰 재물을 가지고 이 땅으로 돌아오게 되리라'고 말씀하셨습니다.

"네 자손은 사 대 만에 이 땅으로 돌아오리니"(창 15:16).

하나님의 약속대로 430년 동안 애굽에서 종노릇하던 이스라엘 백성은 마침내 출애굽해서 약속의 땅으로 들어오게 되었습니다. 구원받은 이스라엘 백성이 들어와서 차지하게 된 가나안 땅은 하나님이 약속하신 곳입니다.

또한 가나안은 젖과 꿀이 흐르는 땅입니다. 하나님은 모세를 이스라엘의 구원자로 부르실 때에도 이스라엘 백성을 애굽인의 손에서 건져내어 '아름답고 광대한 땅, 젖과 꿀이 흐르는 땅'으로 데려갈 것이라고 말씀하셨습니다.

"내가 내려가서 그들을 애굽인의 손에서 건져내고 그들을 그 땅에서 인도하여 아름답고 광대한 땅, 젖과 꿀이 흐르는 땅 곧 가나안 족속, 헷 족속, 아모리 족속, 브리스 족속, 히위 족속, 여부스 족속의 지방에 데려가려 하노라"(출 3:8).

하나님은 출애굽의 목적지가 광야가 아니라 젖과 꿀이 흐르는 가나안 땅임을 분명하게 말씀하셨습니다. 젖과 꿀이 흐르는 땅이란 그 땅 자체가 풍요롭다는 뜻이 결코 아닙니다. 성지순례를 다녀온 사람은 알겠지만, 이스라엘-팔레스타인 지역은 농사를 짓기에는 굉장히 척박한 땅입니다. 인간에게 필요한 곡물과 채소를 경작할 만한 땅이 결코 아닙니다. 하지만 성경은 젖과 꿀이 흐르는 땅이라고 말씀합니다.

출애굽한 이스라엘 백성이 광야를 지나 요단 강을 건너 들어간 가나안 땅은 구원받은 백성이 들어가야 할 천국을 상징합니다. 천국 환송 예배를 드릴 때 "며칠 후 요단 강 건너가 만나리"라는 찬송을 부르는 이유가 그것입니다.

이 가나안은 우리가 장차 들어가야 할 미래의 천국을 상징하기도 하지만, 지금 구원받은 그리스도인들이 이 땅에서 누리며 살아야 할 천국을 말하기도 합니다. 이처럼 하나님 나라는 미래성과 현재성을 동시에 가지고 있습니다.

사람들은 대개 죽음 이후 들어가는 천국만을 생각합니다. 하지만 성경은 미래에 들어갈 천국보다 지금 이 땅에서 누리며 경험해야 할 천국을 더 많이 말씀합니다. 존 맥아더는 "천국은 바로 영원한 기쁨이 있는 곳이다. 우리는 천국에서 하나님의 영광을 온몸에 받으며 마침내 인생의 참된 목적, 즉 하나님을 영화롭게 하고 그분을 영원히 즐거워하는 것을 확연히 깨닫게 될 것이다"라고 말했습니다. 예수님도 "하나님의 나라가 이미 너희에게 임하였느니라"(마 12:28), "하나님의 나라는 너희 안에 있느니라"(눅 17:21)고 말씀하셨습니다. 그래서 우리도 '내 주 예수 모신 곳이 그 어디나 하늘나라'라는 찬양을 부릅니다. 가나안은 우리가 장차 들어가야 할 곳이며, 지금 우리가 이 땅에서 경험하며 누려야 할 천국입니다.

은 혜 없 인 살 수 없 는 인 생

우리가 정말 예수를 믿고 거듭났다면 지금 우리는 가나안 땅에 들어와 있는 것입니다. 가나안 땅에서의 삶은 하나님의 은혜가 아니면 하루도 살아갈 수가 없습니다. 애굽 땅과 같지 않기 때문입니다.

"네가 들어가 차지하려 하는 땅은 네가 나온 애굽 땅과 같지 아니하니 거기에서는 너희가 파종한 후에 발로 물 대기를 채소밭에 댐과 같이 하였거니와"(신 11:10).

이스라엘 백성은 400년이 넘는 세월을 애굽의 고센 땅에서 살았습니다. 그 땅은 나일 강의 하류에 있어서 물을 걱정할 필요가 없었습니다. 그래서 '파종한 후에 발로 물 대기를 채소밭에 댐과 같이 했다'고 했습니다. 물이 흘러넘치기 때문에 수로의 흐르는 물을 발로 조절만 해도 농사를 지을 수 있었습니다. 아니, 물이 조금 부족하다 싶으면 발로 수차를 돌리기만 해도 물을 댈 수 있었습니다. 물이 부족해서 농사를 망치는 일은 없었습니다. 물 걱정을 할 필요가 없었다는 것입니다.

비록 바로의 압제를 받으며 살고 있었지만 고센 땅이야말로 물 걱정 없이 채소나 곡물을 풍족하게 수확할 수 있는 땅이었습니다. 물 댄 동산과 같은 땅이었습니다. 반면 가나안 땅은 물을 끌어 댈 수 없는 산과 골짜기로 이루어진 땅이었습니다.

"너희가 건너가서 차지할 땅은 산과 골짜기가 있어서 하늘에서 내리는 비를 흡수하는 땅이요"(신 11:11).

가나안 땅은 산과 골짜기로 이루어져 있어 채소와 곡물을 심을 만한 평지가 거의 없었습니다. 그나마 비가 내리더라도 비를 모두 흡수해 버리는 땅이었습니다. 석회질로 되어 있기 때문에 물이 고이지 않은 것입니다. 때문에 하나님이 돌보아 주시지 않으면 농사도 지을 수 없고, 살 수도 없는 땅입니다. 한마디로 하나님의 은혜가 아니면 살아갈 수가 없는 땅인 것입니다.

가나안 땅이 은혜로운 이유는 하나님의 돌보심이 있었기 때문입니다.

"네 하나님 여호와께서 돌보아 주시는 땅이라"(신 11:12a).

애굽에 있을 때는 하나님이 돌보아 주시지 않아도 먹고사는 데 불편함이 없었습니다. 예수 믿기 전에는 하나님이 내 인생을 돌보아 주시지 않아도 살 수 있었습니다. 그런데 예수 믿고 나니까 하나님이 돌보아 주시지 않으면 살 수 없는 사람이 된 것입니다. 그렇다면 하나님은 어떻게 우리를 돌보아 주실까요?

"연초부터 연말까지 네 하나님 여호와의 눈이 항상 그 위에 있느니라"
(신 11:12b).

'여호와의 눈이 항상 그 위에 있다'는 것은 하나님의 관심이 당신의 백성에게 있음을 말합니다. 은혜로 구원하신 당신의 백성을 깊은 관심을 가지고 바라보신다는 것입니다. 온 우주 만물을 창조하신 하나님은 당신의 백성을 지키고 보호하시기 위해 사랑의 눈으로 바라보십니다.

하나님은 은혜로 구원하신 당신의 백성을 왜 이렇게 바라보실까요? 우리가 주님의 은혜가 아니면 살 수 없는 세상에 살고 있기 때문입니다. 영적으로 척박한 땅에 살고 있기 때문입니다. 수많은 대적들에 의해 둘러싸여 있기 때문입니다. 내 힘과 내 능력만으로는 살 수 없는 세상에 살고 있기 때문입니다.

"여호와께서 너희의 땅에 이른 비, 늦은 비를 적당한 때에 내리시리니 너희가 곡식과 포도주와 기름을 얻을 것이요"(신 11:14).

'이른 비'는 파종기인 10-11월에 내리는 비입니다. 이때 비가 내려야 흙이 부드러워지고 땅을 갈아엎기에 좋아 파종을 할 수 있습니다. '늦은 비'는 추수하기 직전인 3-4월에 내리는 비입니다. 이 비가 내려야 곡식의 결실을 풍요롭게 할 수 있습니다. 즉 이른 비는 파종을 위한 비이며, 늦은 비는 열매를 탐스럽게 하는 비입니다. 농사를 지으려면 반드시 때를 따라 이른 비와 늦은 비가 적당하게 내려 주어야 합니다. 그렇지 않으면 농사를 지을 수가 없습니다.

앞에서도 언급했지만, 이스라엘 땅은 농사를 짓기에 척박한 땅이었습니다. 사람의 눈으로 보면 애굽 땅이 젖과 꿀이 흐르는 땅입니다. 그런데 하나님은 그렇게 말씀하지 않으셨습니다. 척박하고 산과 골짜기로 되어 있어 농사도 지을 수 없는 가나안 땅을 아름답고 젖과 꿀이 흐르는 땅이라고 말씀하셨습니다. 하나님이 돌보시기 때문입니다. 하나님의 눈이 항상 그 위에 있기 때문입니다. 때를 따라 이른 비와 늦은 비를 내리시기 때문입니다.

애굽의 고센 땅은 하나님이 필요 없는 땅이었습니다. 농사를 짓는데 하늘에 비를 구할 필요가 없었습니다. 물이 필요하면 언제든지 나가 물을 대기만 하면 되었습니다. 하늘을 바라볼 필요가 없었습니다. 그들의 삶에 하나님은 필요하지 않았습니다. 애굽 땅에 사는 사람들에게는 나일 강이 그들의 신이었습니다. 나일 강이 그들을 먹이고, 입히고, 마시게 한다고 생각했습니다. 애타게 하늘을 바라보고 간구할 필요가 없었습니다.

우리도 과거에 애굽에 살 때, 즉 예수 믿기 전에는 하나님의 도우심이 없이도 살 수 있었습니다. 그래도 생활하는 데 어려움이 없었습니다. 예수를 믿고 구원받기 전에는 내 힘으로, 내 열심으로, 내 방법으로 살았습니다. 내 경험대로 살았습니다. 운만 좋으면 성공할 수 있다고 생각했습니다. 죄를 지을 때마다 양심에 가책은 있었지만 그래도 사는 데 별 어려움은 없었습니다. 하늘을 바라보지 않고 땅의 것들만 바라보며 살아왔습니다. 이것이 지난날 애굽에서의 삶이었습니다. 은혜로 구원받기 이전의 삶이었습니다.

그런데 예수를 믿고 가나안 땅에 들어와 보니 하나님이 돌봐 주지 않으시면 하루도 살아갈 수가 없습니다. 하나님의 은혜가 아니면 한순간도 살 수가 없습니다. 때를 따라 이른 비와 늦은 비가 내리지 않으면 먹고살 수가 없습니다. 겸손히 하늘을 바라보지 않고는, 하나님을 의지하지 않고서는 하루도 살 수가 없습니다.

이곳이 가나안입니다. 때를 따라 도우시는 하나님의 은혜가 아니면 살아갈 수 없는 곳이 바로 가나안입니다. 이제 우리는 주님이 없이는 살 수 없습니다. 한순간도 주님의 은혜가 아니면 살 수 없습니다. 이것을 깨닫는 사람이 바로 하나님의 사람입니다. "다른 사람은 몰라도, 나는 이제 주님의 은혜가 아니면 한순간도 살아갈 수 없습니다"라고 고백하는 사람이 바로 심령이 가난한 사람입니다. 이 사람이 바

은혜에 굳게 서라

로 구원받은 하나님의 사람입니다.

　누가 구원받은 사람입니까? 교회를 다니는 사람입니까? 직분을 가진 사람입니까? 아닙니다. 주님의 은혜가 아니면 한순간도 살 수 없음을 아는 사람입니다. "주님의 은혜가 아니면 나는 살아갈 수 없습니다"라고 고백하는 사람입니다.

누 가 　이 　은 혜 를 　누 리 는 가

그렇다면 누가 하나님의 돌보심의 은혜를 누리며 살아갈까요? 누가 이른 비와 늦은 비의 은혜를 누리며 살아갈까요?

　"내가 오늘 너희에게 명하는 내 명령을 너희가 만일 청종하고 너희의 하나님 여호와를 사랑하여 마음을 다하고 뜻을 다하여 섬기면"(신 11:13).

　하나님의 명령을 청종하고, 하나님을 사랑해서 섬기는 자들입니다. 하나님을 사랑하므로 그 말씀에 순종하는 자들입니다. 누가 하나님의 말씀을 청종해야 한다고 말합니까? '너희'입니다. '너희'는 가나안 땅에 들어온 자입니다. 은혜로 말미암아 예수를 믿고 구원받은 자입니다. 또 언제 하나님의 말씀을 청종해야 합니까? '오늘'입니다. 오늘 순종해야 합니다. 미루지 마십시오. 미루면 순종할 수 없습니다.

오늘 하나님을 사랑하고 그분의 말씀에 마음을 다해 순종하면 아무리 척박한 땅이라 할지라도 하나님은 그 땅을 젖과 꿀이 흐르는 땅이 되게 하십니다. 광야의 이스라엘 백성을 보십시오. 풀 한 포기 없는 광야에서도 하나님은 이스라엘 백성을 구름 기둥과 불기둥으로 인도하시며, 먹이시고, 마시게 하셨습니다.

실제로 이스라엘의 역사를 보면, 이스라엘 백성이 하나님의 말씀대로 순종해서 살 때는 그 땅이 젖과 꿀이 흐르는 땅이었습니다. 그러나 하나님을 거역하고 우상을 숭배하며 살아갈 때는 하나님이 진노하셔서 하늘을 닫아 비를 내리지 않으심으로 극심한 기근이 임했습니다.

가나안 땅은 어떤 사람에게는 저주의 땅이 될 수 있고, 어떤 사람에게는 젖과 꿀이 흐르는 땅이 될 수 있습니다. 사람도 마찬가지입니다. 사람의 눈에는 저주받은 사람, 실패한 사람처럼 보일지라도 하나님이 돌보시고 때를 따라 돕는 은혜를 베푸시면 젖과 꿀이 흐르는 사람이 될 수 있습니다. 아무리 척박한 사람도 하나님의 은혜가 임하면 풍요로운 사람이 될 수 있습니다. 그래서 하나님은 오늘 우리에게 이렇게 말씀하십니다.

"내가 오늘 복과 저주를 너희 앞에 두나니"(신 11:26).

복과 저주는 우리 앞에 있습니다. 선택은 내가 하는 것입니다. 내가 하나님의 말씀을 청종하면 이른 비와 늦은 비의 은혜가 임할 것입니다. 그러나 하나님의 말씀에 불순종하면 하늘의 문이 닫힐 것입니다.

하나님의 사람에게 순종은 축복이요, 불순종은 저주입니다. 하나님의 사람에게 순종은 성공이요, 불순종은 실패입니다. 이제 당신의 인생을 운명에 맡겨 살지 마십시오. 오늘의 운수를 믿지 마십시오. 복과 저주는 바로 당신 앞에 있습니다.

필립 얀시는 '은혜'를 "이 시대의 마지막 최고의 단어"라고 말했습니다. 베이유라는 과학자는 "우주에는 두 개의 커다란 힘이 존재하는데, 하나는 중력이고 하나는 은혜"라고 했습니다. 중력은 물체와 물체가 서로 가까이 잡아당기는 물리적인 힘이고, 은혜는 하나님이 우리를 잡아당기시는 영적인 힘입니다. 물리적인 힘과 영적인 힘! 이 두 가지가 있기에 세상이 존재하고 우리가 살아갈 수 있는 것입니다.

은혜로 구원받은 우리는 하늘을 바라보지 않고는 살 수 없게 되었습니다. 주님의 은혜가 아니면 살아갈 수 없는 존재가 된 것입니다. 우리를 끊임없이 잡아당기시는 하나님의 영적인 힘에 이끌리는 삶을 살아가십시오. 그것이 지혜롭고 복된 삶입니다.

"그러므로 우리는 긍휼하심을 받고 때를 따라 돕는 은혜를 얻기

위하여 은혜의 보좌 앞에 담대히 나아갈 것이니라"   히 4:16

은혜의 보좌 앞에
거룩한 다스림을 받으라

우리는 값없이 베풀어 주시는 하나님의 은혜로 구원을 받았습니다. 그렇다면 은혜로 구원받은 우리는 어떻게 살아야 할까요? 여전히 하나님의 은혜로 살아야 합니다. 그것을 보여 주는 것이 바로 약속의 땅 가나안입니다. 우리는 은혜로 구원받았지만 여전히 하나님의 은혜가 아니면 살아갈 수가 없습니다.

은혜로 구원받은 자가 누리는 축복은 은혜의 보좌 앞으로 담대히 나아가는 것입니다.

"은혜의 보좌 앞에 담대히 나아갈 것이니라"(히 4:16b).

성경을 보면 하나님의 보좌에는 '은혜의 보좌'와 '심판의 보좌'가 있습니다. 하나님의 보좌가 누군가에게는 심판의 보좌가 될 수 있고, 누군가에게는 은혜의 보좌가 될 수 있다는 것입니다.

심판의 보좌

시편 9편 7절은 여호와가 심판을 위해 보좌를 준비하셨다고 말씀합니다.

"여호와께서 영원히 앉으심이여 심판을 위하여 보좌를 준비하셨도다."

요한계시록 20장 11-15절은 하나님의 심판의 보좌에 대해 구체적으로 기록하고 있습니다. 사도 요한은 하늘의 문 안으로 들어가 크고 흰 보좌에 앉으신 하나님을 보았습니다.

"또 내가 크고 흰 보좌와 그 위에 앉으신 이를 보니"(계 20:11a).

크고 흰 보좌는 하나님의 심판의 보좌를 의미합니다. 심판의 보좌가 크다는 것은 하나님의 심판이 모든 피조물들에게 미칠 것이라는 뜻입니다. 또 희다는 것은 하나님의 심판이 공의롭다는 것과 그 심판이 순결하고 거룩하다는 것을 상징합니다. 하나님이 순결과 거룩함을 가지고 가장 공정하게 심판하실 것을 말하는 것입니다.

"땅과 하늘이 그 앞에서 피하여 간 데 없더라"(계 20:11b).

이 말은, 하나님이 크고 흰 심판의 보좌에 앉으실 때 우주 전체가 붕괴됨으로 현존하는 모든 질서가 무너지는 것을 말합니다. 그래서 베드로는 그날을 이렇게 기록하고 있습니다.

"그날에는 하늘이 큰 소리로 떠나가고 물질이 뜨거운 불에 풀어지고 땅과 그중에 있는 모든 일이 드러나리로다"(벧후 3:10).

하나님의 흰 보좌의 심판은 현존하는 모든 질서가 무너지고 새 하늘과 새 땅이 임하기 직전에 이루어집니다. 그렇다면 누가 크고 흰 보좌에 앉으신 하나님으로부터 심판을 받을까요?

"또 내가 보니 죽은 자들이 큰 자나 작은 자나 그 보좌 앞에 서 있는데 책들이 펴 있고 또 다른 책이 펴졌으니 곧 생명책이라 죽은 자들이 자기 행위를 따라 책들에 기록된 대로 심판을 받으니"(계 20:12).

하나님의 보좌 앞에 두 개의 책이 펴 있습니다. 하나는 '책들'이고, 또 하나는 '다른 책'입니다. 복수로 기록된 이 '책들'은 행위를 기록한 책이고, '다른 책'은 생명책을 말합니다. 그렇다면 누가 하나님의 심판을 받게 될까요? 죽은 자들이 자기 행위를 따라 기록된 대로 심판을 받게 됩니다.

"죽은 자들이 자기 행위를 따라 책들에 기록된 대로 심판을 받으니"(계 20:12b).

훗날, 사람은 모두 심판대 앞에 서게 됩니다. 하지만 죽은 자들은 자기의 행위를 따라 심판을 받게 됩니다. 여기서 죽은 자들이란 하나님의 생명책에 기록되지 않은 자들입니다. 성경은 이들이 불 못에 던져질 것이라고 말씀합니다.

"누구든지 생명책에 기록되지 못한 자는 불 못에 던져지더라"(계 20:15).

생명책에 기록되지 않은 사람들은 예수의 생명이 없는 자들입니다. 예수의 생명이 없는 자들은 죄와 죽음의 문제를 해결 받지 못한 자들입니다. 또한 불 못에 던져짐을 당하게 됩니다. 성경은 이것을 '둘째 사망'이라고 말씀합니다.

"사망과 음부도 불 못에 던져지니 이것은 둘째 사망 곧 불 못이라"(계 20:14).

성경은 하나님의 심판을 유황불이 활활 타오르는 불 못으로 말씀합니다. 요한계시록 19장 20절은 거짓 선지자들과 짐승의 표를 받고 우상에게 경배하던 자들을 표적으로 미혹하던 자들이 "산 채로 유황 불 붙는 못에 던져지고"라고 말씀합니다. 요한계시록 21장 8절은 "불과 유황으로 타는 못에 던져지리니 이것이 둘째 사망이라"고 말씀합니다. 예수님은 왼편에 있는 자들에게 "저주를 받은 자들아 나를 떠나 마귀와 그 사자들을 위하여 예비된 영원한 불에 들어가라"(마 25:41)고 말씀하셨습니다.

이렇게 심판의 보좌 앞에서 죽은 자들은 자기의 행위를 따라 영원한 불 못에 던져지는 심판을 받게 됩니다. 이것이 바로 심판의 보좌입니다. 그런데 사람들은 이 사실을 믿지 않습니다. 심지어 예수를 믿는다는 사람들 중에서도 예수님이 하신 이 말씀을 믿지 않는 사람들이 있습니다. 그러나 크고 흰 보좌의 심판은 분명히 있습니다.

은혜의 보좌

은혜의 보좌는 하나님의 보좌를 말합니다. 하나님의 보좌는 하나님이 좌정해 계시며 통치하시는 곳을 말합니다. 하나님이 우리를 다스리시며 우리를 만나 주시는 곳입니다. 우리의 예배를 받으시고, 우리의 기도를 들으시며, 우리에게 은혜를 베풀어 주시는 곳입니다.

"은혜의 보좌 앞에 담대히 나아갈 것이니라"(히 4:16).

은혜의 보좌는 하나님이 우리에게 은혜를 베풀어 주시는 곳입니다. 비행기를 타려면 공항으로 가야 하고, 배를 타려면 항구로 가야 하며, 질병을 치료 받으려면 병원으로 가야 합니다. 이처럼 은혜를 받으려면 은혜의 보좌 앞으로 나아가야 합니다. 신앙생활을 오래 한 사람이라 할지라도, 성경을 많이 읽어 지식이 많다 할지라도 은혜의 보좌 앞에 나아가지 않으면 은혜를 받을 수가 없습니다.

그렇다면 누가 이 은혜의 보좌 앞에 나아갈 수 있습니까?

"어린 양의 피에 그 옷을 씻어 희게 하였느니라"(계 7:14).

'어린 양의 피에 그 옷을 씻어 희게 한 자들'은 예수를 믿음으로 의롭다 함을 얻고 하나님의 자녀가 된 자들입니다. 허물의 사함을 받고 그 죄의 가림을 받은 자들입니다. 예수를 믿음으로 죄 사함을 얻고 예수의 생명을 가진 자들입니다.

예수를 믿고 죄 사함을 얻는 자만이 이 은혜의 보좌 앞에 나아갈 수 있습니다. 예수님이 십자가에 달려 죽으사 그 피로 영원한 속죄를 이루셨기 때문입니다.

"염소와 송아지의 피로 하지 아니하고 오직 자기의 피로 영원한 속죄를 이루사 단번에 성소에 들어가셨느니라"(히 9:12).

구약 시대에는 하나님 앞에 나아가려고 할 때마다 짐승을 잡아 피의 제사를 드려야만 했습니다. 그러나 우리는 예수님이 십자가에서 흘리신 피로 영원한 속죄를 이루셨기 때문에 예수님의 피를 힘입기만 하면 은혜의 보좌 앞에 나아갈 수 있습니다. 그래서 히브리서 기자는 "그러므로 형제들아 우리가 예수의 피를 힘입어 성소에 들어갈 담력을 얻었나니"(히 10:19)라고 말했습니다.

예수의 피로 죄를 씻음 받고 그 피를 힘입는 자들은 언제든지 심판의 보좌가 아닌 은혜의 보좌를 향해 나아갈 수 있습니다. 아무리 선하고 의롭게 살아도 자신의 행실과 의로움으로는 은혜의 보좌 앞에 나아갈 수 없습니다. 오직 예수의 피를 힘입는 자들만이 은혜의 보좌 앞에 나아갈 수 있습니다.

"은혜의 보좌 앞에 담대히 나아갈 것이니라"(히 4:16b).

우리는 담대히 나아가야 합니다. 죄의 종 된 신분을 내려놓고, 하나님의 자녀 된 권세를 가지고 담대히 은혜의 보좌 앞에 나아가야 합니다. 전쟁에서 승리해서 돌아오는 개선장군처럼 당당하게 나아가야 합니다.

구약 시대에는 아무나 하나님의 보좌 앞으로 나아갈 수 없었습니다. 출애굽한 이스라엘 백성은 시내 산 위에 임하신 하나님의 영광을 멀리서 바라봐야 했습니다. 그러면서도 "우리가 죽을까 하나이다" (출 20:19) 하며 죽음의 공포로 떨어야만 했습니다.

또한 하나님의 보좌 앞 지성소에는 아무나 들어갈 수 없었습니다. 몸을 정결하게 한 대제사장만이 1년에 한 차례 어린 양의 피를 가지고 지성소에 들어갔습니다. 만약 정결한 짐승의 피를 가지고 들어가지 않으면 하나님이 그를 죽이셨습니다. 그래서 대제사장은 방울이 달린 옷을 입고 줄을 달고 들어갔습니다. 죽음을 확인하고 그 시체를 끌어내기 위해서입니다. 이렇게 아무나 들어갈 수 없는 곳이 바로 하나님의 보좌입니다.

그런데 주님이 십자가에 달려 죽으실 때 무슨 일이 벌어졌습니까? 성소의 휘장이 위로부터 아래로 찢어졌습니다. 하나님의 보좌를 향해 나아갈 수 있는 새로운 길이 열린 것입니다.

"그 길은 우리를 위하여 휘장 가운데로 열어 놓으신 새로운 살길이요 휘장은 곧 그의 육체니라"(히 10:20).

왜 은혜의 보좌 앞에 나아가야 하는가

"그러므로 우리는 긍휼하심을 받고"(히 4:16a).

우리가 은혜의 보좌 앞에 나아가야 하는 첫 번째 이유는, 긍휼하심을 받기 위해서입니다. 긍휼은 하나님이 우리의 연약함에 대해 공감하며 불쌍히 여겨 주시는 것을 말합니다. '긍휼히 여기다'라는 말은 헬라어로 '스플랑크니조마이'라고 합니다. 이 단어는 '내장'을 뜻하는 '스플랑크나'에서 온 말입니다. 그러니까 긍휼은 내장이 흔들리고 뒤틀리는 것과 같은 아픔을 느끼는 것을 말합니다.

이 단어는 복음서에 열두 번 나옵니다. 그리고 이 말 뒤에는 반드시 기적이 있었습니다. 무슨 말입니까? 예수님은 인간의 몸을 입고 이 세상에 계시는 동안 고통당하는 자, 굶주린 자, 병든 자들을 보시면 내장이 흔들리고 뒤틀릴 정도의 아픔을 느끼셨기에 그냥 지나치지 않으셨다는 것입니다.

앞을 보지 못하는 두 사람이 "주여 우리를 불쌍히 여기소서"(마 20:30)라고 외칠 때 사람들은 꾸짖고 잠잠하라고 했지만 예수님은 불쌍히 여기사 그들의 눈을 만져 보게 해 주셨습니다. 또한 나인 성 과부가 울면서 아들의 상여 뒤를 따라가고 있을 때 예수님은 이를 불쌍히 여겨 죽은 그 아들을 살려 주셨습니다. 예수님은 우리가 이 영광스러운 보좌 앞으로 나아갈 때 우리를 긍휼히 여겨 주십니다.

"우리에게 있는 대제사장은 우리의 연약함을 동정하지 못하실 이가 아니요 모든 일에 우리와 똑같이 시험을 받으신 이로되 죄는 없으시니라"(히 4:15).

인간의 몸을 입고 오신 예수님은 우리 인간이 받는 고통과 시험을 다 받으셨습니다. 평범한 인간이 겪는 시험과 고통보다도 더 크고 무서운 시험과 고통을 당하셨습니다. 우리가 이 땅을 살아가면서 당하는 배신, 가난과 배고픔, 외로움과 고독, 목마름, 죽음을 친히 경험하셨습니다.

주님은 우리의 연약함과 고통을 아십니다. 우리의 아픔을 아십니다. 우리의 외로움을 아십니다. 우리가 겪는 배신의 아픔, 가난의 아픔을 아십니다. 밀려오는 죽음의 공포가 무엇인지도 아십니다. 주님은 우리의 형편과 처지를 너무나 잘 아십니다. 친히 경험하셨기 때문입니다.

과부의 심정은 과부만이 압니다. 자녀로 인해 속을 썩어 본 부모만이 자녀로 인한 고통을 압니다. 개척 교회의 어려움도 개척을 해 본 목사만이 압니다. 그러므로 힘들고 괴로울 때, 마음이 무너질 때 우리는 그 은혜의 보좌 앞에 나아가야 합니다. 배신의 아픔이 너무나 커서 잠을 이루지 못할 때, 가난의 아픔이 너무 커서 죽고 싶을 때, 외로움과 고독, 죽음의 그림자가 밀려올 때 예수님의 피를 힘입고 은혜의 보좌 앞으로 담대히 나아가야 합니다. 그때 주님은 나무라거나 책망하지 않으시고 있는 모습 그대로를 받아 주시며 내장이 흔들리고 뒤틀리는 것과 같은 아픔으로 우리를 긍휼히 여겨 주십니다.

주님이 긍휼히 여겨 주시면 그 뒤에는 반드시 치유와 회복의 역사가 있습니다. 기적이 일어납니다. 그러므로 인생이 힘들 때 더욱 은혜

의 보좌 앞으로 나아가십시오. 주님이 당신을 긍휼히 여겨 주실 것입
니다.

"때를 따라 돕는 은혜를 얻기 위하여 은혜의 보좌 앞에 담대히 나아갈 것
이니라"(히 4:16b).

은혜의 보좌 앞에 나아가야 하는 두 번째 이유는, 때를 따라 돕는
은혜를 얻기 위해서입니다. 은혜로 구원받은 우리는 하나님의 은혜
가 아니면 살아갈 수가 없습니다. 우리가 애굽에 있을 때, 구원받지
못했을 때에는 하나님의 은혜가 없어도 살 수 있었습니다. 그런데 가
나안 땅은 때를 따라 이른 비와 늦은 비가 내리지 않으면 살아갈 수
가 없습니다. 다른 사람은 몰라도 구원받은 우리는 때를 따라 도우시
는 하나님의 은혜가 아니면 살아갈 수 없는 사람들입니다.

때를 따라 도우시는 은혜는 하나님이 가장 적절한 때에 가장 최선
의 방법으로 도우시는 것을 말합니다. 여기서 중요한 것은, 내 편에서
가장 적절한 때가 아니라 하나님이 보시기에 가장 적절한 때에 응답
해 주신다는 것입니다. 내가 원하는 시간이 아니라 하나님이 원하시
는 시간입니다. 내 영혼에 가장 유익이 되는 시간입니다. 하나님은 우
리가 기도한다고 해서 무조건 응답해 주시는 분이 아니십니다. 가장
적절한 때에 우리 영혼에 가장 유익한 방법으로 응답해 주십니다. 그
러므로 때를 따라 돕는 은혜를 얻기 원한다면 은혜의 보좌 앞으로 담

대히 나아가십시오. 하나님은 모든 은혜의 하나님이십니다.

"모든 은혜의 하나님 곧 그리스도 안에서 너희를 부르사 자기의 영원한 영광에 들어가게 하신 이"(벧전 5:10).

그리스도 안에서 우리를 부르신 하나님은 '모든 은혜의 하나님'이십니다. 여기서 '모든'은 우리가 처해 있는 모든 상황, 모든 세대, 모든 시간을 말합니다. 우리에게는 은혜를 베풀 수 없는 사람이 있고, 상황이 있고, 때가 있습니다. 그래서 '그 사람은 절대로 용서할 수 없다'고 말하고, '지금은 그럴 상황이 아니다'라고 말합니다.

그러나 하나님은 모든 은혜의 하나님이십니다. 우리가 어떤 사람, 어떤 상황, 어떤 처지에 있을지라도 하나님은 우리에게 은혜를 베푸실 수 있습니다. 넘어졌습니까? 실패했습니까? 당신의 인생이 완전히 끝난 것처럼 보입니까? 은혜의 보좌 앞으로 담대히 나아가십시오. 아무리 더럽혀지고 망가졌어도 주님은 당신을 용서해 주실 것입니다. 아니, 주님이 당신을 다시 일으켜 세워 주실 것입니다.

우리가 나아가는 곳은 심판의 보좌가 아닙니다. 은혜의 보좌입니다. 은혜의 보좌는 하나님이 우리를 만나 주시고 우리에게 은혜를 베풀어 주시는 곳입니다. 그러므로 예수의 피를 힘입어 그 은혜의 보좌 앞에 담대히 나아가십시오. 당신은 그 앞에서 하나님의 사랑과 위로를 경험하게 될 것입니다. 당신은 그 앞에서 하나님의 선하시고 기뻐하시고 온전하신 뜻이 무엇인지를 깨닫게 될 것입니다. 또한 당신은 그 앞에서 하나님이 주시는 지혜와 어둠의 권세와 싸워 승리할 수 있는 능력을 얻게 될 것입니다.

"이 일 후에 내가 보니 각 나라와 족속과 백성과 방언에서 아무도 능히 셀 수 없는 큰 무리가 나와 흰옷을 입고 손에 종려 가지를 들고 보좌 앞과 어린 양 앞에 서서 큰 소리로 외쳐 이르되 구원하심이 보좌에 앉으신 우리 하나님과 어린 양에게 있도다 하니 모든 천사가 보좌와 장로들과 네 생물의 주위에 서 있다가 보좌 앞에 엎드려 얼굴을 대고 하나님께 경배하여 이르되 아멘 찬송과 영광과 지혜와 감사와 존귀와 권능과 힘이 우리 하나님께 세세토록 있을지어다 아멘 하더라"

계 7:9-12

예배는 구원받은 자가 누릴 가장 큰 감격이다

앞 장에서 우리는 은혜의 보좌 앞으로 나아가야 함에 대해 이야기했습니다. 은혜의 보좌는 하나님의 보좌를 말합니다. 하나님의 보좌는 하나님이 좌정해 계시며 통치하시는 곳입니다. 하나님이 우리를 다스리시며 만나 주시는 곳입니다. 우리의 예배를 받으시고, 기도를 들으시며, 은혜를 베풀어 주시는 곳입니다. 때문에 우리가 하나님의 은혜를 받고 그 은혜 위에 굳게 서려면 은혜의 보좌 앞으로 나아가야 합니다.

하나님은 가장 적절한 때에 가장 최선의 방법으로 우리를 도우십니다. 하나님은 "모든 은혜의 하나님"(벧전 5:10)이십니다. 우리가 어떤 사람이든, 어떤 상황, 어떤 처지에 있을지라도 하나님은 은혜를 베푸실 수 있습니다. 넘어지고 실패해서 절망 가운데 있다면, 인생이 완전히 끝난 것처럼 보인다면 은혜의 보좌 앞으로 담대히 나아가십시오. 때를 따라 도우시는 놀라운 은혜를 경험하게 될 것입니다.

"그러므로 우리는 긍휼하심을 받고 때를 따라 돕는 은혜를 얻기 위하여 은혜의 보좌 앞에 담대히 나아갈 것이니라"(히 4:16).

여기서 '나아갈 것이니라'라는 동사는 '프로세르코마이'입니다. 이 동사는 현재 시제로 되어 있습니다. 한 번만이 아니라 계속적으로 나아가라는 말입니다. 중단하지 말고, 포기하지 말고, 끊임없이 은혜의 보좌 앞으로 나아가라는 것입니다.

구약 시대에는 아무나, 아무 때나 은혜의 보좌 앞에 나아갈 수 없었습니다. 대제사장만이 1년에 한 차례 정결한 짐승의 피를 가지고 하나님의 보좌 앞 지성소에 들어갈 수 있었습니다. 하지만 지금 우리는 왕 같은 제사장으로서 예수의 피를 힘입기만 하면 언제 어디서든지 은혜의 보좌 앞에 담대히 나아갈 수 있습니다.

또한 '나아갈 것이니라'라는 말의 원어적 의미는 '가까이 다가가다'입니다. 우리는 보좌에 앉으신 하나님의 영광을 볼 수 있고, 그분의 음성을 들을 수 있고, 그분의 어루만지심을 경험할 수 있을 정도로 가까이 나아가야 합니다. 하나님의 보좌를 실존적으로 체험할 수 있도록 가까이 나아가야 합니다. 그렇다면 은혜의 보좌 앞으로 나아가는 것은 구체적으로 무엇을 말할까요?

예배로 나아가라

예배입니다. 우리는 예배를 통해 은혜의 보좌 앞으로 담대히 나아갈 수 있습니다. 신구약 성경에는 '하나님의 보좌'라는 표현이 총 79회 기록되어 있습니다. 그리고 하나님의 보좌가 언급될 때 가장 많이 나오는 단어가 '찬양, 경배, 엎드림'입니다.

요한계시록에는 사도 요한이 성령에 이끌려 하늘의 열린 문 안으로 들어가 하늘에서 드려지는 예배를 보는 장면이 나옵니다. 하나님이 천상의 예배 장면을 요한에게 보여 주신 것입니다.

"이십사 장로들이 보좌에 앉으신 이 앞에 엎드려 세세토록 살아 계시는 이에게 경배하고 자기의 관을 보좌 앞에 드리며 이르되"(계 4:10).
"또 이십사 장로와 네 생물이 엎드려 보좌에 앉으신 하나님께 경배하여 이르되 아멘 할렐루야 하니"(계 19:4).

이십사 장로는 구원받은 백성을 말하고, 네 생물은 천사를 말합니다. 구원받은 백성과 천사들이 보좌에 앉으신 하나님께 경배를 드리고 있는 것입니다. 본문도 마찬가지입니다.

"모든 천사가 보좌와 장로들과 네 생물의 주위에 서 있다가 보좌 앞에 엎드려 얼굴을 대고 하나님께 경배하여"(계 7:11).

모든 천사가 보좌와 장로들과 네 생물의 주위에 서 있다가 보좌 앞에 엎드려 얼굴을 대고 하나님에게 경배를 드립니다. 이렇듯 예배란 하나님의 보좌 앞으로 나아가 그 앞에서 존귀와 영광과 찬양을 드리는 것입니다.

시편 기자는 "찬송함으로 그의 궁정에 들어가서 그에게 감사하며 그의 이름을 송축할지어다"(시 100:4)라고 고백했습니다. 궁정은 왕의 보좌가 있는 곳입니다. 우리가 찬송함으로, 예배함으로 그의 궁정에 들어가는 이유는 우리 하나님이 찬송 중에 거하시는 분이기 때문입니다.

"이스라엘의 찬송 중에 계시는 주여 주는 거룩하시니이다"(시 22:3).

하나님은 찬송 중에 거하시는 분입니다. 찬송을 떠나서는 하나님을 말할 수 없습니다. 하나님이 왜 나를 지으시고 구원하셨는지를 보면 더 분명하게 알 수 있습니다.

"이 백성은 내가 나를 위하여 지었나니 나를 찬송하게 하려 함이니라"
(사 43:21).

하나님은 왜 우리를 은혜로 구원하셨을까요?

"우리에게 거저 주시는 바 그의 은혜의 영광을 찬송하게 하려는 것이라"(엡 1:6).

하나님이 우리를 지으신 이유도, 우리를 구원하신 목적도 하나님을 찬송하도록 하시기 위해서입니다. 우리는 예배를 통해 찬송을 부르며 그 은혜의 보좌 앞에 나아가야 합니다.

누가 예배하는가

그렇다면 누가 하나님의 보좌 앞에 나아가 주님을 예배합니까? 본문 9절을 보면 아무도 셀 수 없는 큰 무리가 나아와 흰옷을 입고 손에 종려 가지를 들고 보좌 앞과 어린 양 앞에서 하나님을 찬양합니다.

"이 일 후에 내가 보니 각 나라와 족속과 백성과 방언에서 아무도 능히 셀 수 없는 큰 무리가 나와 흰옷을 입고 손에 종려 가지를 들고 보좌 앞과 어린 양 앞에 서서"(계 7:9).

이들은 큰 환난에서 나오는 자들로 어린 양의 피에 그 옷을 씻어 희게 한 자들입니다.

"이는 큰 환난에서 나오는 자들인데 어린 양의 피에 그 옷을 씻어 희게 하였느니라"(계 7:14).

이들은 예수의 피로 말미암아 죄를 사함 받고 하나님의 자녀가 된 자들입니다. 그런데 4절을 보면 이들의 숫자를 14만 4천이라고 말씀하고 있습니다.

"내가 인침을 받은 자의 수를 들으니 이스라엘 자손의 각 지파 중에서 인침을 받은 자들이 십사만 사천이니"(계 7:4).

여기 14만 4천은 누구일까요? 일부 이단들은 14만 4천의 숫자를 문자적으로 해석해서 14만 4천의 숫자가 차면 육체 영생을 해서 천 년 동안 왕 노릇한다고 말합니다. 그러나 14만 4천은 그런 뜻이 아닙니다. 이것은 구원받은 모든 하나님의 백성을 상징하는 숫자입니다. 앞서 하나님의 보좌 주변에 있는 이십사 장로들을 구원받은 백성이라고 이야기했습니다. 구약의 열두 지파는 구약 시대의 구원받은 성도들을 대표하고, 신약의 열두 사도는 신약 시대의 구원받은 성도들을 대표하는 숫자입니다. 그러니까 신구약 시대의 구원받은 두 대표를 합치면 이십사 장로가 됩니다. 때문에 '12지파×12사도 ×1,000(완전수이자 가장 큰 수)=144,000'이라는 숫자가 나옵니다.

예배는 아무나 드리는 것이 아닙니다. 예수를 믿음으로 그 피로 죄 사함을 받고 의롭다 함을 얻은 하나님의 자녀들만이 은혜의 보좌 앞에 나아가 예배를 드릴 수 있습니다. 그러므로 예배의 특권을 누리십시오. 예배를 우습게 생각하지 마십시오. 예배의 방관자가 되지 마십시오. 마음과 뜻과 정성을 다해 최상의 예배를 드리며 하나님의 보좌 앞으로 나아가십시오.

예배의 대상은 누구인가

"큰 소리로 외쳐 이르되 구원하심이 보좌에 앉으신 우리 하나님과 어린 양에게 있도다"(계 7:10).

예배의 대상은 오직 우리를 구원하신 하나님과 어린 양뿐입니다. 우리가 드리는 예배의 대상은 삼위일체 하나님이십니다. 보좌에 앉으신 하나님이십니다. 그러므로 예배를 드리는 자의 시선은 사람이 아니라 하나님의 보좌를 향하고 있어야 합니다. 보좌에 앉으신 하나님만을 바라보며 찬양해야 합니다. 그런데 많은 사람들이 예배 시간에 사람을 바라보며, 사람을 의식하며 예배를 드립니다.

다윗을 보십시오. 그가 왕으로서의 체면과 체통을 고려했다면 어떻게 하나님의 임재를 상징하는 언약궤 앞에서 자신의 옷이 벗겨지는 줄도 모른 채 춤을 추며 찬양을 드렸을까요? 아브라함을 보십시오. 아브라함은 가는 곳마다 어떻게 제사를 드렸습니까?

"여호와를 위하여 제단을 쌓았더라"(창 13:18).

예배는 나를 위해 드리는 것이 아닙니다. 예배의 대상은 하나님이십니다. 그런데 우리는 나 중심의 찬양을 드립니다. 내 마음이 슬프고 괴로울 때에는 감정을 위로해 주는 찬양을 불러야 은혜를 받습니다. 기쁨의 찬양은 부르질 못합니다. 왜냐하면 하나님 중심이 아니라 내 감정이 중심되어 나 중심의 예배를 드리고 있기 때문입니다.

하나님만이 우리 예배의 대상이십니다. 그러므로 예배를 드릴 때에는 영광스러운 보좌를 기억해야 합니다. 그 은혜의 보좌에 앉으신 하나님에게 예배를 드려야 합니다.

하나님의 보좌와 바퀴

다니엘 7장에는 다니엘이 환상 중에 하나님의 보좌를 보는 장면이 나옵니다.

"내가 보니 왕좌가 놓이고 옛적부터 항상 계신 이가 좌정하셨는데 그의 옷은 희기가 눈 같고 그의 머리털은 깨끗한 양의 털 같고 그의 보좌는 불

꽃이요 그의 바퀴는 타오르는 불이며"(단 7:9).

다니엘이 환상 가운데 본 하나님의 보좌에는 특이하게도 바퀴가 있었습니다. 에스겔 1장에도 포로로 끌려온 에스겔이 그발 강가에서 기도 중에 있을 때 갑자기 하늘이 열리며 하나님의 영광의 보좌가 나타나는 장면이 기록되어 있는데, 하나님의 보좌 주변에 있는 네 생물의 얼굴을 따라 하나씩 네 개의 바퀴가 땅 위에 있었습니다.

"내가 그 생물들을 보니 그 생물들 곁에 있는 땅 위에는 바퀴가 있는데 그 네 얼굴을 따라 하나씩 있고 그 바퀴의 모양과 그 구조는 황옥같이 보이는데 그 넷은 똑같은 모양을 가지고 있으며"(겔 1:15-16).

네 생물은 천사들을 말합니다. 그런데 하나님의 보좌에만 바퀴가 있는 것이 아니라 천사를 상징하는 네 생물에게도 바퀴가 하나씩 있습니다. 황옥같이 보이는 바퀴는 똑같은 모양을 가지고 있으며, 바퀴 안에 또 다른 바퀴가 있는 구조였습니다.

"그 생물들이 갈 때에 바퀴들도 그 곁에서 가고 그 생물들이 땅에서 들릴 때에 바퀴들도 들려서 영이 어떤 쪽으로 가면 생물들도 영이 가려 하는 곳으로 가고 바퀴들도 그 곁에서 들리니 이는 생물의 영이 그 바퀴들 가운데에 있음이니라"(겔 1:19-20).

놀라운 것은, 네 바퀴가 언제나 네 생물들(천사들)과 함께하고 있다는 것입니다. 그리고 네 생물들(천사들)이 움직일 때 언제나 바퀴도 함께 움직인다는 것입니다. 더 놀라운 것은, 영이 가고자 하면 네 생물들이 가고, 영이 서고자 하면 네 생물들도 섰다는 것입니다. 네 생물들(천사들)이 가는 대로 하나님의 영이 따라가는 것이 아니라, 하나님의 영이 인도하시는 대로 네 생물들(천사들)이 따라 움직였다는 것입니다. 이것을 보면 모든 천사들은 하나님이 부리시는 영입니다(히 1:14 참조). 그리고 네 생물들과 바퀴들은 하나님의 영의 도구인 것입니다.

그렇다면 하나님의 보좌에 왜 바퀴가 있는 것일까요? 왜 하나님이 부리시는 천사들, 곧 네 생물들에게 바퀴가 있는 것일까요? 바퀴는 움직이기 위해 있는 것입니다. 무슨 말입니까? 하나님의 보좌는 고정되어 있지만 때로는 공간을 초월해서 우리 가운데 그 보좌를 펴신다는 것입니다.

우리가 시간과 공간에 구애받지 않고 보좌에 앉으신 하나님에게 찬송과 예배를 드릴 때 그곳에 하나님의 영이 임하십니다. 하나님의 영이 임하시면 네 생물들(천사들)도 함께 움직입니다. 그러면 영이신 하나님이 공간을 초월해서 주의 보좌를 펴시고 좌정하사 우리 예배를 받으십니다. 그리고 당신의 그 영광을, 그 임재를 우리 가운데 나타내십니다.

은혜의 보좌와 우리 사이의 거리는 공간적으로 멀 수 있습니다.

하지만 영적으로는 전혀 거리감이 없습니다. 우리가 기도하고 예배 드리는 바로 앞에 하나님의 은혜의 보좌가 있습니다. 이 땅의 어떤 환경이나 장소도 하나님의 보좌의 수레를 막지 못합니다. 그래서 예수님은 "하나님은 영이시니 예배하는 자가 영과 진리로 예배할지니라"(요 4:24)고 말씀하셨습니다. 더 이상 예배는 장소의 문제가 아닙니다. 예배에는 반드시 하나님의 임재가 있어야 합니다.

예배를 회복하라

우리는 은혜의 보좌 앞에 나아가 예배를 드려야 합니다. 예배를 통해 하나님에게로 더 가까이 나아가기 때문입니다. 예배가 무너지면 모든 것이 무너집니다. 저는 예배를 소홀히 하면서 하나님에게로 가까이 나아가는 자를 지금까지 본 적이 없습니다. 목사도, 장로도, 권사도, 아무리 신앙생활을 오래 하고 과거에 성령의 불을 받은 사람도 예배를 소홀히 하면 하나님과 멀어질 수밖에 없습니다. 예배를 소홀히 하는 교회는 성도의 영적 수준을 능가하는 예배를 드릴 수 없고, 예배에 참여하는 성도들도 예배 이상의 삶을 살 수 없습니다. 그러므로 예배의 회복이 없이는 그 어떤 것도 회복될 수 없습니다.

느헤미야가 예루살렘 성벽을 재건할 때 왜 가장 먼저 제사와 관련된 양의 문을 건축하고자 했을까요? 예루살렘의 진정한 회복은 예배의 회복에 있음을 알고 있었기 때문입니다. 예루살렘의 진정한 회복은 곧 성전에서 드려지는 제사로부터 시작된다고 생각했기 때문입니다. 예배의 회복 없이는 예루살렘의 회복이 불가능하기 때문입니다.

가정이 무너졌습니까? 자녀에 대한 기대가 무너졌습니까? 사업이 무너졌습니까? 건강이 무너졌습니까? 아버지로서의 권위를 상실했습니까? 예배를 회복하십시오. 가정의 예배를 회복하십시오. 그러면 무너진 것들을 다시 회복할 수 있습니다. 잃어버린 것들을 다시 찾을 수 있습니다.

다윗은 아들 압살롬의 반란으로 인해 피난 생활을 하면서도 하나님 앞에 오직 한 가지 일을 구했습니다.

"내가 여호와께 바라는 한 가지 일 그것을 구하리니 곧 내가 내 평생에 여호와의 집에 살면서 여호와의 아름다움을 바라보며 그의 성전에서 사모하는 그것이라"(시 27:4).

다윗이 하나님에게 간구하고 있는 그 한 가지 일은 바로 자기가 살아 있는 동안 여호와의 집, 곧 성전에서 여호와의 아름다움을 바라보는 것입니다. 무엇입니까? 예배입니다. 현실적으로 지금 다윗에게 필요한 것은 백성의 마음을 자신에게로 돌이키는 것입니다. 쿠데타의 세력을 정복하고 왕권을 회복하는 것입니다. 그런데 다윗은 그것들을 위해서 기도하지 않았습니다. 다윗은 오직 한 가지, 하나님의 전에 나아가 예배드릴 수 있기를 위해 기도했습니다. 다윗은 예배가 회복되면 모든 것이 회복될 수 있다고 믿었습니다. 예배가 회복되면 떠났던 백성의 마음도 다시 돌아오게 될 것이고, 잃어버린 왕권도 다시 회복될 수 있다고 믿었던 것입니다.

우리도 마찬가지입니다. 예배가 무너지면 모든 것이 무너집니다. 예배가 무너지면 하나님과의 관계도 멀어지고, 예배가 무너지면 예루살렘의 성벽이 무너지듯 우리의 성공도, 가정도 무너집니다. 우리가 쌓아 올린 인생의 바벨탑도 무너집니다. 그러나 예배가 회복되면 모든 것이 회복됩니다.

지금 우리의 예배는 어디에 위치해 있습니까? 찬양과 기도가 충만한 하나님의 보좌 앞입니까, 아니면 예배의 회복이 절실한 자리입니까? 만일 예배의 회복이 절실하다면 주저하지 말고 예배하십시오. 하나님이 당신의 예배의 자리에 임재하실 것입니다. 그때 우리는 그분의 임재 안에서 예배와 삶이 온전한 회복을 경험하게 될 것입니다.

Stand Firm In His Grace

3부

하나님의
은혜를
지키라

"여호와여 내가 주께 부르짖으오니 나의 반석이여 내게 귀를 막
지 마소서 주께서 내게 잠잠하시면 내가 무덤에 내려가는 자와
같을까 하나이다 내가 주의 지성소를 향하여 나의 손을 들고 주
께 부르짖을 때에 나의 간구하는 소리를 들으소서"   시 28:1-2

"이르되 여호와께서 맹세하시기를 여호와가 아말렉과 더불어
대대로 싸우리라 하셨다 하였더라"   출 17:16

기도는
모든 기적의 신호탄이다

기도로 나아가라

우리는 기도를 통해 은혜의 보좌 앞으로 나아갈 수 있습니다. 하나님의 은혜의 보좌는 다른 데 있지 않습니다. 하나님의 자녀 된 우리에게는 우리가 기도하는 그 자리가 바로 은혜의 보좌 앞입니다. 기도하는 그 자리가 곧 은혜의 자리인 것입니다. 우리는 왕 같은 제사장으로서 은혜의 보좌 앞에 나아가 하나님의 얼굴을 구하며 기도할 수 있습니다.

다윗은 하나님 앞에 나아가 그렇게 기도했습니다.

"내가 주의 지성소를 향하여 나의 손을 들고 주께 부르짖을 때에 나의 간 구하는 소리를 들으소서"(시 28:2).

다윗은 주의 지성소를 향해 손을 들고 부르짖어 기도했습니다. 지성소는 하나님의 보좌가 있는 곳입니다. 그런데 다윗이 왕으로 있을 때에는 아직 성전이 지어져 있지 않았습니다. 그 당시 임재를 상징하는 언약궤는 실로에 있었습니다. 그러므로 다윗이 지성소를 향해 기도를 드렸다는 것은 다윗이 실로에 있는 언약궤를 바라보며 손을 들고 기도했음을 말합니다.

기 도 의 태 도

시편 28편 1-2절은 다윗이 어떻게 하나님에게 나아가 기도드렸는지, 다시 말해 다윗의 기도의 태도가 어떠했는지를 다루고 있습니다. 기도의 내용도 중요하지만 기도의 자세와 태도 역시 중요합니다. 기도의 태도를 보면 기도의 간절함을 알 수 있고, 기도의 대상이 누구인지를 알 수 있기 때문입니다.

우리가 누군가를 만날 때도 만나는 사람이 누구냐에 따라 태도가 다릅니다. 보고 싶은 사람을 만날 때와 보고 싶지 않은 사람을 만날 때, 존경하는 사람을 만날 때와 귀찮은 사람을 만날 때의 모습이 다릅니다. 부탁할 때의 모습과 거절할 때의 모습 또한 너무나 다릅니다. 마찬가지로 하나님에게 드리는 기도 역시 기도를 드리는 사람의 태도와 자세를 보면 그 기도의 대상이 누구인지, 간절함이 어느 정도인지를 알 수 있습니다.

부르짖어 기도함

다윗은 하나님에게 부르짖어 기도했습니다.

"여호와여 내가 주께 부르짖으오니 나의 반석이여 내게 귀를 막지 마소서 … 내가 주의 지성소를 향하여 나의 손을 들고 주께 부르짖을 때에 나의 간구하는 소리를 들으소서"(시 28:1-2).

다윗은 인생의 황혼기에 그의 생애 중에서 가장 고통스러운 사건을 경험했습니다. 아들 압살롬이 반란을 일으킨 것입니다. 그는 자신의 아버지인 다윗을 죽이고 왕이 되고자 군대를 이끌고 예루살렘 궁 안으로 쳐들어왔습니다. 긴박했던 다윗은 신발도 신지 못한 채 울면서 예루살렘 궁을 떠나야만 했습니다.

그런데 다윗은 이렇게 억울한 일을 당했을 때 하나님을 찾았습니다. 너무나 수치스럽고 모욕적인 일을 당했을 때 주님에게 부르짖어 기도했습니다. 아들이 자신을 반역하고, 믿었던 아히도벨이 자신을 배신하고, 백성들의 마음이 자신을 떠나 압살롬을 향할 때 다윗은 오직 하나님만 붙들었습니다.

예레미야 선지자 또한 그랬습니다. 그는 억울한 일을 당했을 때 여호와 하나님에게 부르짖어 기도했습니다. 예레미야는 선지자로서 '유다가 바벨론에게 망하고 왕과 백성들이 포로로 끌려가게 될 것이라'는 하나님의 말씀을 그대로 전하고 선포했습니다. 그러자 백성들은 하나님의 심판을 선언한 예레미야를 미워했고, 시드기야 왕은 예레미야를 당장 감옥에 가두어 버렸습니다. 그런데 그때 감옥에 갇혀 있는 예레미야에게 하나님의 말씀이 임했습니다.

"너는 내게 부르짖으라 내가 네게 응답하겠고 네가 알지 못하는 크고 은밀한 일을 네게 보이리라"(렘 33:3).

하나님은 당신의 말씀을 전하다가 감옥에 갇혀 힘들어하고 있는 예레미야에게 억울함을 묵상하라고 말씀하지 않으셨습니다. 소곤소곤 기도하라고 말씀하지 않으셨습니다. "너는 내게 부르짖으라"고 말씀하셨습니다.

왜입니까? 하나님에게 간절히 부르짖어 기도하는 것만이 그 힘든 순간을 이겨 내게 할 수 있기 때문입니다. 하나님에게 간절히 부르짖어 기도하는 자만이 "내가 네게 응답하겠고"라고 말씀하신 하나님의 기도의 응답을 경험할 수 있기 때문입니다. 일을 행하시는 하나님, 그것을 만들어 성취하시는 하나님을 볼 수 있는 것입니다. 하나님은 부르짖어 기도하는 자에게 크고 은밀한 일을 보이시는 분입니다.

다윗은 억울한 일을 당했을 때, 너무나도 수치스럽고 모욕적인 일을 당했을 때 하나님에게 부르짖어 기도했습니다. 혹시 인생을 살면서 억울한 일을 당했습니까? 수치스럽고 모욕적인 일을 당했습니까? 다윗처럼 하나님에게 부르짖어 기도하십시오.

나의 반석이여

"여호와여 내가 주께 부르짖으오니 나의 반석이여 내게 귀를 막지 마소서"(시 28:1a).

다윗은 자신의 목숨이 위협받고 있는 그 절박한 상황 속에서 여호와 하나님을 바라보며 "나의 반석이여"라고 고백했습니다. 또한 "여호와는 나의 반석이시요"(시 18:2)라고 고백했습니다.

헬레니즘 교육을 받은 이들은 하나님을 굉장히 추상적으로 고상하게 표현하려고 합니다. 그러나 유대인들은 하나님을 사실적으로 표현했습니다. 그래서 나온 표현이 '하나님은 나의 산성, 방패, 요새, 반석, 구원의 뿔, 구원의 깃발'입니다. 다윗도 마찬가지입니다. 반석은 '요동치 않는 것, 변함이 없는 것'을 의미합니다.

몇 년 전 집회를 가면서 고향에 들른 적이 있습니다. 모든 것이 다 변했습니다. 집도, 도로도, 들판도, 사람들도 다 변했습니다. 그런데 어릴 때 자주 올라가 놀았던 뒷산의 큰 바위는 지금도 변함이 없었습니다. 그렇습니다. 반석은 요동치 않습니다. 변함이 없습니다.

그러나 사람은 흔들립니다. 인생의 풍랑을 만나면 흔들리게 됩니다. 돈과 인기와 명예 앞에서 얼마나 많은 사람들이 흔들립니까? 사람은 또한 변합니다. 의리를 말하다가도 결정적인 순간이 되면 언제 그랬냐는 듯 배신을 합니다. 어려운 일을 당하면 책임을 전가시킵니다.

별 수 없습니다. 사람은 죄성을 가졌기에 흔들리고 변하기 마련입니다. 그러므로 사람을 의지하지 마십시오. 사람은 사랑의 대상이지 의지의 대상이 아닙니다. 하나님은 끊임없이 '인생을 의지하지 말라, 사람을 의지하지 말라'고 말씀하십니다.

"너희는 인생을 의지하지 말라"(사 2:22).
"도울 힘이 없는 인생도 의지하지 말지니"(시 146:3).

하나님은 반석이십니다. 흔들리거나 요동치 않으십니다. 다윗은 당당히 "여호와 외에 누가 하나님이며 우리 하나님 외에 누가 반석이냐"(시 18:31)고 외쳤습니다. 우리도 나의 반석이신 하나님, 나의 피할 바위가 되시는 하나님에게 기도해야 합니다.

무덤에 내려가는 자

"주께서 내게 잠잠하시면 내가 무덤에 내려가는 자와 같을까 하나이다"(시 28:1b).

다윗은 시편 143편 7절에서도 같은 고백을 했습니다.

"여호와여 속히 내게 응답하소서 내 영이 피곤하니이다 주의 얼굴을 내게서 숨기지 마소서 내가 무덤에 내려가는 자 같을까 두려워하나이다."

무덤은 '음부요, 지하 세계요, 참담한 죽음'을 말합니다. 무덤에 내려가는 자는 죽은 자를 말합니다. 주님이 오늘 나의 기도에 응답해 주시지 않으면 자신의 처지가 꼭 무덤에 내려가는 자와 같을 것이라는 고백인 것입니다.

다윗은 전쟁터에서 시체로 버려져 썩어 가는 사람들을 많이 보았습니다. 그런데 하나님이 자신의 기도를 들어주시지 않으면 자신의 처지가 그렇게 될 수밖에 없다는 것을 안 것입니다. 살아 있으나 살아 있는 것이 아닌 것입니다.

다윗의 기도는 간절했습니다. 기도의 응답이 필요하다는 것입니다. 그런데 우리는 어떻습니까? 혹 들어주시면 감사하고, 안 들어주셔도 상관없다는 마음으로 기도하고 있지는 않습니까? 기도는 간절해야 합니다. 다윗의 기도는 간절했습니다. 응답해 주시지 않으면 무덤에 내려가는 자와 같이 될까 두렵다고 부르짖어 기도했습니다.

은혜의 보좌 앞에서 손을 들라

다윗은 주의 지성소를 향해 손을 들고 부르짖어 기도했습니다.

> "내가 주의 지성소를 향하여 나의 손을 들고 주께 부르짖을 때에"(시 28:2a).

다윗은 압살롬의 반란으로 인해 예루살렘 궁을 떠나 있습니다. 하지만 기도할 때 하나님의 임재를 상징하는 언약궤가 있는 곳을 향해 손을 들고 기도했습니다. 언약궤가 있는 지성소를 향해서 기도를 드렸다는 것은 곧 은혜의 보좌 앞에서 손을 들고 기도하는 것과 같습니다.

모세 역시 아말렉과 싸울 때 손을 들어 기도함으로 여호와 닛시의 승리를 경험했습니다. 출애굽기 17장에서 여호수아는 군대를 이끌고 전쟁터로 나가 싸우고, 모세는 아론과 훌을 데리고 산꼭대기에 올라가 기도하기 시작했습니다. 그런데 희한하게도 모세가 손을 들면 이스라엘이 이기고, 손을 내리면 아말렉이 이기는 일이 벌어졌습니다.

"모세가 손을 들면 이스라엘이 이기고 손을 내리면 아말렉이 이기더니"(출 17:11).

모세의 팔이 피곤해서 내려올 때 아론과 훌이 한 사람은 이쪽에서, 한 사람은 저쪽에서 모세의 손을 붙들어 올렸습니다. 그러자 그 손이 해가 지도록 내려오지 않게 되었고, 여호수아의 군대는 마침내 아말렉을 물리치고 여호와 닛시, 승리를 하게 되었습니다.

여호수아의 군대는 언제 승리했습니까? 기도하는 모세의 손이 내려오지 않을 때입니다. 모세가 손을 드느냐 내리느냐에 따라 전쟁의 승패가 좌우되었습니다. 모세의 손 자체에 초인적인 능력이 있어서가 아닙니다. 모세가 손을 들어 기도할 때 하나님이 그 전쟁에 개입하셨기 때문입니다. 모세는 이 전쟁에서 승리한 이후 제단을 쌓고 그 이름을 '여호와 닛시'라고 했습니다.

"모세가 제단을 쌓고 그 이름을 여호와 닛시라 하고"(출 17:15).

성경은 하나님이 이 전쟁에서 승리하게 하신 이유와 이것을 기록해서 기념하게 하신 이유에 대해 이렇게 말씀합니다.

"여호와께서 맹세하시기를"(출 17:16).

성경 본문에는 "여호와께서 맹세하시기를"이라고 기록되어 있지만, 각주에는 "여호와의 보좌를 향해 손을 들었으니"라고 기록되어 있습니다. 모세가 손을 들고 기도할 때 하나님이 자신의 손을 보좌에 얹고 아말렉과 대대로 싸워 주실 것을 맹세하신 것입니다. 그렇습니다. 우리가 은혜의 보좌 앞에 나아가 손을 들어 기도하면 하나님이 맹세하신 대로 우리를 위해 싸워 주십니다.

그렇다면 모세가 손을 들고 기도할 때 하나님이 싸우기 시작하신 이유가 무엇일까요? 모세의 손에 초인적인 어떤 능력이 있었기 때문일까요? 아닙니다. 하나님의 보좌 앞에 손을 든다는 것은 항복이라는 믿음의 고백을 담고 있기 때문입니다. 기도가 무엇입니까? 나의 간절한 소원을 이루는 것입니까? 나의 야망을 성취하는 것입니까? 아닙니다. 기도란 하나님 앞에 항복하는 것입니다.

생각해 보십시오. 모세가 손을 들고 있을 때만 기도하고, 손이 피곤해서 내려왔을 때는 기도하지 않았을까요? 아닙니다. 죽느냐 사느냐 피 흘리는 전쟁이 진행 중인데 어찌 기도를 쉴 수 있겠습니까? 손을 올리거나 내리는 것과는 상관없이 계속 기도했을 것입니다. 그런데 모세의 손이 올라가면 이스라엘이 이기고, 손이 내려오면 아말렉이 이겼습니다.

모세가 손을 들었다는 것은 '하나님! 전쟁은 하나님에게 속한 것입니다. 우리의 힘으로는 아말렉을 이길 수 없습니다. 하나님이 도와주시지 않으면 우리는 아무것도 할 수 없습니다'라는 믿음의 고백인 것입니다. 이 신앙의 고백으로 은혜의 보좌를 향해 손을 들어 부르짖어 기도했을 때 하나님이 일하기 시작하셨습니다.

그리스도인들이 분명히 알아야 할 것은, 손을 들고 기도한다고 해서 하나님이 우리의 모든 기도에 응답하시는 것은 아니라는 것입니다. 우리의 마음과 믿음이 손과 함께 하늘에 계신 하나님에게 들려져야 하는 것입니다.

"우리의 마음과 손을 아울러 하늘에 계신 하나님께 들자"(애 3:41).

우리는 은혜의 보좌 앞에서 진실한 신앙의 고백을 가지고 손을 들어 기도해야 합니다. 바리새인들을 보십시오. 그들은 손을 들어 기도했지만 마음은 하나님으로부터 떠나 있었습니다. 그 결과가 무엇입니까? 어떤 일도 일어나지 않았습니다.

다윗과 모세가 그랬듯이 우리 역시 은혜의 보좌 앞에서 거룩한 손을 들어 기도해야 합니다. "주님! 내게는 아무 힘도 능력도 없습니다. 주님이 싸워 주지 않으시면, 주님이 응답해 주지 않으시면 나는 아무것도 할 수 없습니다. 주님이 함께해 주지 않으시면 나는 무덤에 내려가는 자와 같습니다!" 이런 믿음의 고백으로 거룩한 손을 들어 은혜의 보좌 앞에서 기도할 때, 아니 기도하는 우리의 손이 하나님의 보좌에 닿을 때 하나님이 우리를 위해 놀라운 일을 행하실 것입니다.

기도의 현장에서 승리하라

전쟁의 승패는 싸움의 현장이 아니라 기도의 현장에서 결정됩니다. 싸움의 현장보다 기도의 현장이 더 중요합니다. 예수님도 겟세마네 동산의 기도의 현장에서 승리하셨기에 골고다의 현장에서도 승리하실 수 있었습니다. 그런데 우리는 기도의 현장 없이 일터에서 승리하려고 합니다. 기도의 현장에서의 승리 없이 내 힘과 노력만으로 승리하려고 합니다.

다른 것은 중요하지 않습니다. 기도의 현장에서 승리하십시오! 기도의 현장에서 승리할 때 비로소 회개의 역사가 일어나고, 사람의 마음이 움직여지며, 사탄의 견고한 진이 무너지고, 무너진 것들이 회복되는 역사가 일어납니다. 또한 기도의 현장에서 승리할 때 하나님이 행하시는 일을 볼 수 있습니다.

위기의 순간마다 가장 먼저 하나님을 찾았던 다윗처럼 하나님의 보좌를 향해 손을 들고 기도하십시오. 하나님이 당신의 삶에 놀라운 일들을 행하실 것입니다. 기억하십시오. 모든 기적은 기도의 현장에서 시작됩니다.

기도의 현장에서 승리하십시오!
기도의 현장에서 승리할 때 비로소 회개의 역사가 일어나고,
사람의 마음이 움직여지며, 사탄의 견고한 진이 무너지고,
무너진 것들이 회복되는 역사가 일어납니다.

"여호와 하나님이 동방의 에덴에 동산을 창설하시고 그 지으
신 사람을 거기 두시니라 여호와 하나님이 그 땅에서 보기에 아
름답고 먹기에 좋은 나무가 나게 하시니 동산 가운데에는 생명
나무와 선악을 알게 하는 나무도 있더라 강이 에덴에서 흘러 나
와 동산을 적시고 거기서부터 갈라져 네 근원이 되었으니 첫째
의 이름은 비손이라 금이 있는 하월라 온 땅을 둘렀으며 그 땅의
금은 순금이요 그곳에는 베델리엄과 호마노도 있으며 둘째 강
의 이름은 기혼이라 구스 온 땅을 둘렀고 셋째 강의 이름은 힛데
겔이라 앗수르 동쪽으로 흘렀으며 넷째 강은 유브라데더라 여호
와 하나님이 그 사람을 이끌어 에덴동산에 두어 그것을 경작하
며 지키게 하시고 여호와 하나님이 그 사람에게 명하여 이르시
되 동산 각종 나무의 열매는 네가 임의로 먹되 선악을 알게 하는
나무의 열매는 먹지 말라 네가 먹는 날에는 반드시 죽으리라 하
시니라"   창 2:8-17

하나님은 매 순간
기준점이 되신다

에덴동산

하나님은 인간을 당신의 형상대로 지으셨습니다. 그리고 당신의 형상대로 지으신 인간을 에덴동산에 거하며 살게 하셨습니다.

> "여호와 하나님이 동방의 에덴에 동산을 창설하시고 그 지으신 사람을 거기 두시니라"(창 2:8).

성경에 나오는 에덴동산은 어디일까요? 어디인지 분명하게 알 수는 없지만, 창세기 2장 14절에 힛데겔(티그리스) 강과 유브라데(유프라테스) 강의 이름이 나오는 것을 보면 오늘의 이라크 근방일 것으로 추

정됩니다.

에덴동산은 하나님이 친히 창설하셨기에 부족한 것이 전혀 없었습니다. 모든 면에서 완전하고 풍요로운 곳이었습니다. 70인역 성경은 에덴을 '파라데이소스', 즉 '낙원'이라고 번역했는데 그것은 '기쁨의 동산'이라는 뜻을 가지고 있습니다.

생명나무와 선악을 알게 하는 나무

에덴동산의 중앙에는 두 그루의 나무가 있었습니다.

> "여호와 하나님이 그 땅에서 보기에 아름답고 먹기에 좋은 나무가 나게 하시니 동산 가운데에는 생명나무와 선악을 알게 하는 나무도 있더라"(창 2:9).

하나는 생명나무고, 또 하나는 선악을 알게 하는 나무였습니다. 우리는 이 생명나무와 선악을 알게 하는 나무가 어떤 나무인지 잘 모릅니다. 어떤 이들은 선악과가 복숭아나 사과일 것이라 말합니다. 최근에는 원어적 의미를 가지고 바나나라고 말하는 이도 있습니다.

그것이 어떤 과일이냐는 별로 중요하지 않습니다. 나무나 열매 자체가 어떤 효력을 가지고 있는 것은 아니기 때문입니다. 중요한 것은 나무나 열매가 아니라 두 나무를 통해서 말씀하시는 하나님의 언약의 말씀인 것입니다.

생명나무는 어떤 언약을 담고 있을까요? 구속사적으로 보면 생명나무는 우리가 예수를 믿음으로 말미암아 얻게 되는 영원한 생명을 뜻합니다. 인간은 흙과 같은 존재입니다. 하지만 하나님을 의지하고 순종해서 살면 영원한 생명을 주시겠다는 하나님의 언약이 그 나무에 담겨 있습니다. 영원한 생명은 단지 죽지 않고 오래 사는 것만을 의미하는 것이 아닙니다. 이는 하나님의 대리 통치자로서 하나님이 창조하신 세상을 정복하고 다스리며 하나님이 주시는 자유함과 기쁨 가운데 영원히 사는 것을 말합니다.

그렇다면 선악을 알게 하는 나무는 어떤 언약을 담고 있을까요? 한마디로 하나님의 뜻에 불순종하면 죽는다는 것입니다.

"선악을 알게 하는 나무의 열매는 먹지 말라 네가 먹는 날에는 반드시 죽으리라 하시니라"(창 2:17).

선악을 알게 하는 나무의 열매를 먹으면 반드시 죽는다고 말씀합니다. 그래서 히브리어 성경에는 '죽고 또 죽으리라'는 표현으로 기록되어 있습니다. 불행하게도 첫 사람 아담과 하와는 하나님의 언약을 버리고 불순종함으로 선악을 알게 하는 나무의 열매를 따 먹고 말았습니다. 때문에 인간 세계에 죽음이 왔습니다. 그리고 에덴동산에서 쫓겨난 이후 육체의 죽음이 왔습니다. 히브리어의 표현처럼 죽고 또 죽게 된 것입니다.

죽음이란 무엇입니까? 멸절이 아닙니다. 분리입니다. 영적인 죽음은 하나님과의 분리인 것입니다. 원래 하나님의 형상대로 지음 받은 인간은 하나님의 음성을 들으며 하나님과 교제하며 살도록 창조되었습니다. 그런데 아담의 타락으로 말미암아 하나님과 교제할 수 없게 된 것입니다. 이것이 영적인 죽음입니다. 육체의 죽음도 마찬가지입니다. 멸절이 아닌 육체와 영혼의 분리입니다. 육체는 내 영혼을 담고 있는 그릇과 같습니다. 그런데 어느 날 내 영혼이 육체를 떠나게 되는 것입니다. 이렇게 아담과 하와가 하나님과 맺은 언약을 지키지 않고 불순종했기 때문에 모든 사람들이 죄와 죽음의 법아래 매이게 된 것입니다.

왜 선악을 알게 하는 나무의 열매를 따 먹었는가

아담과 하와가 선악을 알게 하는 나무의 열매를 따 먹은 이유는 도대체 무엇일까요? 먹을 것이 없어서일까요? 호기심 때문일까요? 아닙니다. 의도적인 반역이었습니다. 하나님의 지배를 받지 않고 하나님이 창조하신 그 나라를 자신들이 차지하도록 하기 위함이었습니다.

"너희가 그것을 먹는 날에는 너희 눈이 밝아져 하나님과 같이 되어 선악을 알 줄 하나님이 아심이니라"(창 3:5).

사탄은 하와를 유혹했습니다. 그것을 먹으면 눈이 밝아져 하나님과 같이 될 수 있다고 했습니다. 그 말은, 지금은 너희가 하나님의 대리 통치자로서 이 땅을 정복하고 다스리지만 이것을 먹으면 하나님의 간섭 없이 너희 마음껏 이 땅을 정복하고 다스리는 인간의 나라를 만들 수 있다는 것입니다. 아담과 하와는 이 말에 넘어가 선악과를 따 먹은 것입니다. 사탄이 따서 넣어 주는 것을 어쩔 수 없이 받아먹은 것이 아닙니다. 자기들의 손으로 직접 따 먹은 것입니다.

많은 사람들이 선악과 얘기만 나오면 분노를 표출합니다. 하나님은 왜 에덴동산에 선악을 알게 하는 나무를 두셨느냐는 것입니다. 전능하신 하나님이 뱀이 찾아와 하와를 유혹하려고 할 때 왜 그것을 막지 않으셨느냐는 것입니다. 사랑의 하나님이 아담과 하와가 사탄의 유혹을 받아 선악과를 따 먹으려고 할 때 왜 방관하셨느냐는 것입니다. 그때 왜 막지 않으시고 그 죄로 인해 죽은 백성들을 살리시려고 자기 아들을 보내시고 십자가에 달려 죽게 하셨느냐는 것입니다.

사람들은 선악을 알게 하는 나무의 열매를 먹음으로 인해 주어진 결과, 그 저주만을 생각합니다. 그러나 우리는 그 나무에 숨겨진 하나님의 은혜를 볼 수 있어야 합니다.

선악을 알게 하는 나무의 은혜

에덴동산의 아담과 하와는 대단한 존재였습니다. 하나님의 대리 통치자로서 모든 것을 정복하고 다스릴 수 있는 자리에 있었습니다.

"하나님이 그들에게 이르시되 생육하고 번성하여 땅에 충만하라, 땅을 정복하라, 바다의 물고기와 하늘의 새와 땅에 움직이는 모든 생물을 다스리라"(창 1:28).

또한 다윗은 시편에서 영화와 존귀로 관을 씌우셨다고 했습니다.

"그를 하나님보다 조금 못하게 하시고 영화와 존귀로 관을 씌우셨나이다"(시 8:5).

하나님은 인간을 하나님보다 조금 못한 존재로 지으셨습니다. 하지만 영화와 존귀로 관을 씌우셨습니다. 우리 인간을 영화롭고 존귀하신 하나님을 닮은 존재로 지으셨다는 말입니다. 사실 이 단어는 하나님에게만 사용될 수 있는 표현입니다. 그런데 하나님의 대리 통치자인 우리 인간에게 사용하셨습니다.

여기서 '관'은 하나의 표지입니다. 옛날에는 그 사람이 임금인지 아닌지를 머리에 쓴 관을 보면 알 수 있었습니다. 하나님은 우리 인간의 머리에 영화와 존귀의 관을 씌우셨습니다. 물론 이유가 있습니다.

"주의 손으로 만드신 것을 다스리게 하시고 만물을 그의 발아래 두셨으니"(시 8:6).

그래서 모든 피조물들은 우리 인간들 앞에 고개를 숙여야 했고, 그 다스림에 순종했던 것입니다. 이렇게 아담과 하와는 영화와 존귀의 관을 쓴 하나님의 대리 통치자로서 하나님이 창조하신 모든 것들을 다스릴 수 있었습니다.

그러나 그들은 하나님이 아닙니다. 창조주가 아닙니다. 하나님에 의해 지음 받은 피조물이었습니다. 피조물의 특징은 무엇입니까? 창조주 하나님을 의지해야만 살 수 있다는 것입니다. 하나님을 떠나서는 결코 살 수 없다는 것입니다. 인간이 참으로 행복해지기 위해서는 자신이 피조물이라는 사실을 알아야 합니다. 그리고 자신의 한계를 인식해야 합니다.

그래서 하나님은 에덴동산 중앙에, 매일 볼 수 있는 자리에 그 두 나무를 두신 것입니다. 날마다 그 나무를 보면서 '그래, 나는 피조물이야. 나는 하나님이 필요해. 나는 하나님을 의지하지 않고는 살 수 없는 존재야'라고 생각하며 그 깨달음 속에서 살도록 했던 것입니다.

하나님이 선악과를 두신 이유는 인간으로 하여금 피조물로서 자신의 신분과 한계를 인정하고 겸손하게 하나님만을 의지하며 살도록 하기 위함이었습니다. 이것이 얼마나 큰 축복입니까? 그렇기 때문에 선악을 알게 하는 나무 역시 피조물인 우리 인간에게는 놀라운 은혜가 되었던 것입니다.

또한 선악을 알게 하는 나무를 통해 주신 언약의 말씀을 보십시오. 하나님은 우리 인간에게 자유의지를 주셨습니다.

"여호와 하나님이 그 사람에게 명하여 이르시되 동산 각종 나무의 열매는 네가 임의로 먹되 선악을 알게 하는 나무의 열매는 먹지 말라 네가 먹는 날에는 반드시 죽으리라"(창 2:16-17).

'임의로 먹되'라는 말은 하나님이 우리 인간에게 어떤 사실을 스스로 판단하고 결정할 수 있는 자유의지를 주셨다는 것입니다. 하나님은 인간을 로봇이나 동물로 만들지 않으셨습니다. 자동으로 조작되는 'Automation'으로 만들지 않으셨습니다. 하나님은 인간을 자유의지를 가진 인격적인 존재로 지으셨습니다. 자유의지를 가진 인격적인 존재란 하나님에게 순종할 수도 있고 불순종할 수도 있는 자유를 가진 존재를 말합니다. 이 자유는 하나님이 우리에게 주신 최고의 선물입니다.

만일 하나님이 인간을 스스로 판단할 수도 없고, 결정할 수도 없는 기계적인 존재로 지으셨다면 우리는 얼마나 비참한 존재였겠습니까? 하나님의 꼭두각시처럼 신앙생활한다면 무슨 기쁨과 감격이 있을까요? 하나님은 우리를 그렇게 창조하지 않으셨습니다. 자유의지를 주셔서 스스로 판단하고, 사고하고, 결정할 수 있게 하셨습니다. 그리고 그 결정과 판단에 책임을 지도록 하셨습니다.

하나님은 우리가 생각하는 것보다 훨씬 더 인격적인 분이십니다. 하나님은 그때나 지금이나 자율적이고 인격적인 순종을 원하십니다. 어떤 강요나 강압에 의해 어쩔 수 없이 순종하는 것을 원치 않으십니다. 이것이 바로 선악을 알게 하는 나무가 주는 은혜인 것입니다.

하나님이 선악을 알게 하는 나무의 열매를 두신 것은 고통과 괴로움을 안겨 주시기 위함이 아닙니다. 하나님의 사랑을 깨닫고 경험할 수 있도록 하시기 위함입니다. 하나님은 사랑의 하나님이십니다. 사도 요한은 그의 서신에서 "사랑은 하나님께 속한 것"(요일 4:7), "하나님은 사랑이심이라"(요일 4:8)고 말했습니다. '하나님은 사랑이시다'라는 말은 '사랑이 곧 하나님이시다'라는 말이 아닙니다. 하나님의 존재의 본질이 사랑이시며, 하나님의 대표적인 성품이 바로 사랑이라는 것입니다.

하나님은 사랑하지 않고는 존재할 수 없는 분이십니다. 하나님은 전능하신 분이지만 사랑하지 않고는 견딜 수 없는 분이십니다. 그런데 사랑은 혼자 할 수 없습니다. 반드시 대상이 필요합니다. 그래서 하나님은 당신의 형상을 따라 인간을 지으셨고, 그 인간을 당신의 사랑의 대상으로 삼으셨습니다. 그런데 선악을 알게 하는 나무가 어디에 있었습니까?

"동산 가운데에는 생명나무와 선악을 알게 하는 나무도 있더라"(창 2:9b).

생명나무와 선악을 알게 하는 나무는 에덴동산의 중앙에 있었습니다. 어디에서든지 가장 잘 볼 수 있는 곳에 있었음을 말합니다. 아담과 하와는 매일 선악과를 바라보며 살았을 것입니다.

아담과 하와는 매일 선악을 알게 하는 그 나무의 열매를 보면서 어떤 생각을 했을까요? '선악과를 먹지 말라'는 언약의 말씀에 대해 어떻게 반응했을까요? '왜 다른 열매는 먹게 하시면서 이 열매는 먹지 못하게 하시냐'며 불평했을까요? 기분 나빠 했을까요? 아닙니다. 뱀의 유혹을 받기 전까지 아담과 하와는 한낱 피조물에 불과한 자신들을 하나님의 대리 통치자로 세워 주시고, 하나님의 사랑의 대상으로 삼아 주시고, 하나님에게 사랑을 고백하며 살 수 있도록 해 주심으로 인해 감사하며 그 말씀에 순종했습니다.

생각해 보십시오. 피조물인 인간이 어떻게 창조주 하나님과 사랑을 나누며 살 수 있단 말입니까? 그 어떤 피조물이 하나님과 언약을 맺고 사랑의 교제를 나누며 살 수 있단 말입니까?

때로 우리는 하나님의 사랑을 너무나 당연한 것으로 생각합니다. 그러니 별로 감동이 없는 것입니다. 사랑받는 것이 당연하다고 생각하는 사람은 아무리 큰 사랑을 받아도 별로 감동이 없습니다. 감사가 되지 않습니다. 남편에게 사랑받는 것을 당연하다고 생각하는 아내는 남편의 사랑에 별로 감동하지 않습니다. 부모에게 사랑받는 것을 당연하다고 생각하는 자식은 부모로부터 아무리 많은 사랑을 받아도 그 사랑에 감동하거나 감사하지 않습니다. 성경을 보십시오. 예수님이 이 땅에 계실 동안 누가 예수님을 뜨겁게 사랑했습니까? 자신의 의를 가지고 있던 서기관과 바리새인들이었습니까? 아닙니다. 면허증을 가진 강도로 취급되었던 세리와 몸을 파는 창기들이었습니다.

왜 하나님은 선악을 알게 하는 나무의 열매를 두셨습니까? 고통과 괴로움을 안겨 주시기 위함입니까? 아닙니다. 사랑의 대상으로서 선악과를 통해 하나님의 사랑을 깨닫게 하시어 더 깊고 풍성한 사랑을 나누시기 위함입니다. 또한 진정한 사랑은 선택을 필요로 하기 때문입니다. 그래서 하나님은 동산의 중앙에 생명나무와 선악을 알게 하는 나무를 두시고 아담과 하와로 하여금 스스로 선택하게 하셨습니다.

선택할 여지가 없는 것을 사랑하는 것은 사랑이 아닙니다. 진정한 사랑은 언제나 선택을 필요로 합니다. 이 세상에 사랑할 수 있는 사람이 한 사람밖에 없기에 어쩔 수 없이 그 사람을 사랑해야 한다면 그것은 진정한 사랑이 아닙니다.

진정한 사랑은 내 아내보다 조건이 더 나은 사람이 있지만 아내를 사랑하고, 내 남편보다 조건이 더 좋은 사람이 있지만 남편을 사랑하는 것입니다. 우리가 한 아내를, 한 남편을 사랑하는 이유는 다른 것이 아닙니다. 내가 사랑하기로 선택했기 때문입니다. 우리가 세상보다 하나님을 더 사랑하는 이유도 마찬가지입니다. 세상이 아름답지 못하고 좋은 것들이 없어서가 아닙니다. 세상이 얼마나 아름답습니까? 세상에 좋은 것들이 얼마나 많습니까? 하지만 우리는 주님을 사랑합니다. 나를 향한 예수님의 사랑을 알고, 세상보다 예수님을 더 사랑하기로 작정했기 때문입니다. 그래서 예수님을 이전보다 더욱 사랑하는 것입니다.

진정한 사랑은 억지로 하는 것이 아닙니다. 조건으로 하는 것이 아닙니다. 하나님은 우리가 그렇게 당신을 사랑하도록 하지 않으십니다. 주님의 사랑을 우리 가운데 나타내 보여 주시고, 스스로 선택해서 자원하는 마음으로 하나님을 사랑하게 하십니다.

진정한 사랑은 선택입니다. 그래서 하나님은 "내가 생명과 사망과 복과 저주를 네 앞에 두었은즉 너와 네 자손이 살기 위하여 생명을 택하고"(신 30:19)라고 말씀하셨습니다. 오늘도 우리 앞에는 생명나무와 선악을 알게 하는 나무가 있습니다. 복과 저주가 있습니다. 우리 앞에는 세상이 있고 주님이 있습니다. 당신은 무엇을 선택하겠습니까?

그리스도인은 선악을 알게 하는 나무가 아닌 생명나무를, 저주가 아닌 복을, 세상이 아닌 주님을 선택해야 합니다. 그리스도인은 예수님의 십자가 사랑을 깨달아 아는 존재이기 때문입니다. 당신을 향한 하나님의 사랑이 깨달아졌다면 세상보다, 물질보다, 명예보다 주님을 더 사랑하기로 결단하십시오. 하나님은 창세전부터 당신을 영원한 사랑의 대상으로 계획하고 창조하셨습니다.

인간이 참으로 행복해지기 위해서는
자신이 피조물이라는 사실을 알아야 합니다.
그리고 자신의 한계를 인식해야 합니다.

"내가 노하여 너를 쳤으나 이제는 나의 은혜로 너를 불쌍히 여겼은즉 이방인들이 네 성벽을 쌓을 것이요 그들의 왕들이 너를 섬길 것이며 네 성문이 항상 열려 주야로 닫히지 아니하리니 이는 사람들이 네게로 이방 나라들의 재물을 가져오며 그들의 왕들을 포로로 이끌어 옴이라 너를 섬기지 아니하는 백성과 나라는 파멸하리니 그 백성들은 반드시 진멸되리라 레바논의 영광 곧 잣나무와 소나무와 황양목이 함께 네게 이르러 내 거룩한 곳을 아름답게 할 것이며 내가 나의 발 둘 곳을 영화롭게 할 것이라 너를 괴롭히던 자의 자손이 몸을 굽혀 네게 나아오며 너를 멸시하던 모든 자가 네 발아래에 엎드려 너를 일컬어 여호와의 성읍이라, 이스라엘의 거룩한 이의 시온이라 하리라"   사 60:10-14

11
역전의 은혜

당신은 하나님이 감추신
역전의 한 수다

평화와 화합의 스포츠 제전인 '2018 평창 동계 올림픽'이 성공적으로 끝났습니다. 운동 경기에는 언제나 역전승이 있는데, 이번 올림픽에서도 국민들에게 감동을 선사해 준 종목이 있었습니다. 바로 여자 쇼트트랙 3,000미터 계주입니다. 이 경기에서 믿을 수 없는 대역전극이 펼쳐졌습니다. 세 번째 주자인 이유빈 선수가 엉덩방아를 찧으면서 그만 넘어지고 말았습니다. 스물세 바퀴를 남기고 반 이상 벌어져 중계 화면에서도 사라졌습니다. 사람들은 끝났다고 생각했습니다. 그런데 최민정 선수가 곧바로 터치를 하고 역주를 시작했습니다. 대표 팀은 이날 넘어지고도 올림픽 신기록을 수립하며 예선 1조 1위로 결승행 티켓을 거머쥐었습니다. 그리고 결국 우승을 차지해 금메달을 목에 걸었습니다. 기적 같은 대역전극이 일어난 것입니다.

대한민국 국민이라면 지난 2002년 월드컵, 그 환희의 순간을 기억할 겁니다. 우리나라가 이탈리아와 경기를 할 때 1:0으로 지고 있다가 설기현 선수가 게임 종료 직전에 믿을 수 없는 동점골을 넣었습니다. 그 후 연장전에서 게임 종료 직전에 안정환 선수가 천금 같은 역전골을 넣었을 때는 그야말로 온 국민이 하나 되어 열광의 도가니로 들끓었습니다.

운동 경기만이 아니라 우리의 삶에도, 우리의 신앙생활에도 역전이 있습니다. 우리 하나님은 역전의 하나님이십니다. 역전의 명수이십니다. 형들에게 미움을 받고 노예로 팔려갔던 요셉은 애굽의 국무총리가 되었습니다. 사울 왕에 의해 오랫동안 쫓겨 다니던 다윗은 마침내 이스라엘의 왕이 되었습니다. 포로로 끌려갔던 다니엘은 당시 세계 최강 바벨론의 총리가 되었습니다.

바사의 2인자였던 하만은 문지기인 모르드개가 자신에게 절을 하지 않았다는 이유로 포로로 끌려온 모든 유대인들을 죽이고자 했습니다. 하지만 그의 간계가 들통이 나 모르드개를 매달아 죽이려고 준비해 두었던 그 장대에 자신이 매달려 죽게 되었습니다. 이렇듯 성경을 보면 셀 수 없을 정도로 많은 역전승의 이야기가 나옵니다.

역전의 은혜를 베푸시는 이유

본문 역시 이스라엘의 회복을 통한 역전의 은혜에 대해 말씀하고 있습니다.

> "내가 노하여 너를 쳤으나 이제는 나의 은혜로 너를 불쌍히 여겼은즉"
> (사 60:10a).

하나님은 징계 가운데 있던 이스라엘 백성을 회복시키시고 역전의 은혜를 베푸신다고 말씀하십니다. '나의 은혜로 너를 불쌍히 여겼기' 때문입니다. 하나님이 은혜로 불쌍히 여겨 주셔야 회복이 됩니다. 그때 역전의 은혜가 임하는 것입니다. 아무리 노력하고 수고해도 하나님이 은혜로 불쌍히 여겨 주시지 않으면 무너지고 파괴된 것들이 회복되지 않습니다. 역전의 은혜가 임하지 않는 것입니다. 우리 인생 가운데 회복을 통한 역전의 은혜가 임하려면 반드시 하나님이 은혜로 불쌍히 여겨 주셔야 합니다.

그렇다면 하나님이 은혜와 긍휼을 베푸실 때는 언제일까요? 죄를 깨닫고, 회개하고, 돌이킬 때입니다. 하나님은 이스라엘 백성이 선민이라는 이유만으로 불쌍히 여기신 것이 아닙니다. 그들을 불쌍히 여기신 것은 바벨론의 포로 생활이라는 징계를 통해서 자신들의 잘못을 회개하고 하나님에게로 돌아왔기 때문입니다. 하나님은 징계하시는 하나님이실 뿐만 아니라 회복시키시는 하나님이십니다. 우리가 우리의 죄를 깨닫고 회개하고 돌이킬 때 하나님은 우리를 회복시키시고, 역전의 은혜를 허락하십니다.

당신의 인생 가운데 회복이 필요합니까? 역전의 은혜가 필요합니까? 철저하게 죄를 회개하고 돌이키십시오. 그리고 "하나님! 나를 불쌍히 여겨 주십시오!"라고 기도하십시오. 하나님이 은혜로 불쌍히 여겨 주실 때 놀라운 회복이 일어납니다. 인생의 역전이 일어납니다.

역전의 은혜

그렇다면 하나님은 이스라엘의 회복을 통해 구체적으로 어떤 역전의 은혜를 베풀어 주셨습니까?

첫째, 이방인들이 성벽을 쌓고 그 왕들이 이스라엘을 섬기도록 하셨습니다.

"이방인들이 네 성벽을 쌓을 것이요 그들의 왕들이 너를 섬길 것이며" (사 60:10b).

바벨론 포로 생활 70년을 청산하고 예루살렘으로 돌아온 이스라엘 백성은 가장 먼저 예루살렘 성을 복구하는 일을 했습니다. 이때 이방인들이 성벽을 쌓을 것이고, 그들의 왕들이 이스라엘 백성을 섬기게 될 것이라고 하셨습니다. 하지만 역사적으로 보면 이방인들이 예루살렘 성을 재건하지는 않았습니다. 오히려 느헤미야는 이방인들이 성벽 재건에 관여하지 못하도록 철저히 막았습니다.

그렇다면 '이방인들이 성벽을 쌓고 그들의 왕들이 너를 섬길 것'이라는 말은 무슨 뜻입니까? 이방인들의 도움을 받아 예루살렘이 회복하게 될 것을 말합니다. 예루살렘의 성벽과 성전의 재건은 이방인들의 도움이 있었기 때문에 가능했습니다.

바사의 고레스 왕은 바벨론을 정복한 다음 칙령을 내려 포로로 잡혀 온 유대 백성을 예루살렘으로 돌려보냈습니다. 그리고 돌아가 무너진 성전을 건축하라고 했습니다.

> "이스라엘의 하나님은 참신이시라 너희 중에 그의 백성 된 자는 다 유다 예루살렘으로 올라가서 이스라엘의 하나님 여호와의 성전을 건축하라 그는 예루살렘에 계신 하나님이시라"(스 1:3).

하나님을 알지 못하는 이방인의 왕이 유대인 포로는 돌아가라는 명령을 내렸습니다. 돌아가서 예루살렘에 성전을 건축하라는 명령을 내렸습니다. 그리고 예루살렘 성전에서 탈취해 온 성전 기물들을 다시 돌려주도록 했습니다.

더 나아가 바벨론의 사방 민족들로 하여금 고국으로 돌아가는 유대인들을 도와주도록 했습니다. 그러자 바벨론 사면 사람들이 은그릇과 황금과 보물과 짐승, 여러 가지 물건으로 유대인들을 도왔습니다.

"그 사면 사람들이 은그릇과 금과 물품들과 짐승과 보물로 돕고 그 외에도 예물을 기쁘게 드렸더라"(스 1:6).

본문 13절에 보면 레바논의 영광인 잣나무와 소나무(백향목)와 황양목이 성전을 짓는 데 사용되었습니다. 이것을 보면 있을 수 없는 일이 일어난 것입니다. 하나님을 알지 못하는 이방인인 고레스 왕이 어떻게 이런 칙령을 내릴 수 있었을까요? 성경은 그 이유를 이렇게 말씀합니다.

"바사 왕 고레스 원년에 여호와께서 예레미야의 입을 통하여 하신 말씀을 이루게 하시려고 바사 왕 고레스의 마음을 감동시키시매 그가 온 나라에 공포도 하고 조서도 내려 이르되"(스 1:1).

여호와가 바사 왕 고레스의 마음을 감동시키셨기 때문입니다. 하나님이 이방인인 고레스 왕의 마음을 감동시키신 이유가 있습니다. 바로 예레미야의 입을 통해 하신 말씀을 이루시기 위해서입니다. 바벨론 포로 생활 70년이 차면 예루살렘으로 돌아오게 되리라고 선포했던 예레미야 선지자의 예언을 이루시기 위해 하나님은 고레스 왕의 마음을 감동시키셨습니다. 그러자 놀라운 회복이 일어났습니다.

유다를 침략해서 예루살렘의 성벽을 허물고, 성전을 불태우고, 포로로 잡아갔던 자들이 이제는 포로로 잡아 온 자들을 다시 돌려보냈습니다. 탈취한 성전의 기물들까지도 다시 돌려주었습니다. 자신들이 허물었던 예루살렘의 성벽과 성전을 재건하라고 많은 목재와 금은과 짐승과 보물들을 내어 주었습니다. 그래서 이방인들의 많은 재정과 목재들이 예루살렘 성을 재건하는 데 사용되었습니다. 이에 대해 이사야 선지자는 "이방인들이 네 성벽을 쌓을 것이요 그들의 왕들이 너를 섬길 것이며"(사 60:10b)라고 예언했던 것입니다. 그렇습니다. 언약을 지키시는 신실하신 하나님이 역사하실 때 회복을 통한 역전의 은혜가 임합니다.

둘째, 평안과 재물을 얻게 하셨습니다.

"네 성문이 항상 열려 주야로 닫히지 아니하리니 이는 사람들이 네게로 이방 나라들의 재물을 가져오며 그들의 왕들을 포로로 이끌어 옴이라"(사 60:11).

고대 근동의 성문은 낮에는 사람들의 통행을 위해 열어 놓지만 밤이 되면 출입을 통제하기 위해 닫아 놓았습니다. 그런데 네 성문이 항상 열려 있을 것이라고 했습니다. 그 성이 안전하고 평안하기 때문입니다.

여행을 하다 보면 어떤 지역은 밤에 문을 열어 놓고 다녀도 안전합니다. 반면 어떤 지역은 낮에도 문을 걸어 잠그고 삽니다. 이런 곳은 늦은 밤 홀로 걸어 다니는 일은 엄두도 내지 못합니다.

그런데 하나님이 역사하시기 시작하면 우리 인생 가운데 두려움이 사라지고 세상이 줄 수 없는 평안이 임합니다. 문제는 여전하고 환경은 변한 것이 없는데 세상이 줄 수 없는 평안이 밀려옵니다. 하나님은 평강의 하나님이시기 때문입니다.

성문을 열어 놓는 또 하나의 이유는 이방인들이 가져오는 재물 때문입니다.

"네 성문이 항상 열려 주야로 닫히지 아니하리니 이는 사람들이 네게로 이방 나라들의 재물을 가져오며"(사 60:11a).

이방인들이 가져오는 재물이 꼬리에 꼬리를 물고 밤낮으로 계속될 것이기 때문에 성문이 항상 열려 있다는 것입니다. 예전에는 그들이 예루살렘을 침략해서 많은 것들을 약탈해 갔는데, 이제는 그들이 재물을 가지고 나아오는 역전이 일어난다는 것입니다.

그렇습니다. 하나님이 역사하시기 시작하면 가난과 궁핍이 사라지고 이방인의 재물을 취해서 얻게 되는 일들이 일어납니다. 사실 역사적으로 예루살렘의 성문이 밤낮을 가리지 않고 항상 열려 있었던 적은 없었습니다. 이 말씀은 예수 그리스도가 이 땅에 오심으로 교회를 통한 구원의 문이 활짝 열리게 될 것을 말합니다. 이 천국의 열린 문 안으로 이방인들이 재물을 가지고 나아오고, 심지어 이방의 왕들도 포로로 끌려온다고 했습니다. 이것은 영적 전쟁에서 승리함으로 취하게 될 많은 전리품을 말합니다.

그렇다면 이 전리품은 누가 취할까요? 영적 전쟁에서 승리한 자입니다. 그런데 오늘 우리에게 이 평안과 재물이라는 전리품이 없는 까닭은 무엇일까요? 영적 전쟁을 하지 않기 때문입니다. 영적 전쟁의 현장에 거하지 않기 때문입니다.

가나안의 원주민을 몰아내는 영적 전쟁이 있었기에 그 땅에 평화가 임했듯이, 우리의 삶에도 영적인 전쟁이 있어야 평안이 임합니다. 영적 전쟁을 해야 가정에 평안이 임합니다. 이방인의 재물도 취할 수 있습니다. 하나님이 주시는 평안과 재물의 전리품을 취하고 하나님의 승리를 경험하기를 원한다면 영적 전쟁을 해야 합니다. 이 땅에 하나님 나라가 임하기를 꿈꾸는 그리스도인이라면 영적 전쟁을 통해 평안과 재물이라는 전리품을 취할 수 있어야 합니다.

셋째, 교회를 영화롭게 하셨습니다.

"내 거룩한 곳을 아름답게 할 것이며 내가 나의 발 둘 곳을 영화롭게 할 것이라"(사 60:13b).

하나님은 하나님의 집, 곧 성전을 '내 거룩한 곳', '나의 발 둘 곳'

이라고 말씀하셨습니다. 당신의 영광이 머무르는 곳이기 때문입니다. 하나님의 영광이 임재해 계시기 때문입니다. 건물로서의 교회가 아닌 주님의 몸으로서의 교회는 이처럼 아름답고 영광스러운 곳입니다. 이 땅에 교회처럼 영광스럽고 축복된 곳은 없습니다. 교회는 정말 아름답고 소중한 곳입니다. 그런데 오늘날 사람들은 교회를 이렇게 생각하지 않습니다.

사탄의 목적은 주님의 몸 된 교회를 허무는 것입니다. 그래서 수단과 방법을 가리지 않고 교회를 혐오하게 만듭니다. 지금 이 시대처럼 교회가 사람들의 입에 오르내리고 교회의 권위가 땅에 떨어진 적은 없습니다. 많은 사람들이 교회에서 소망을 찾기보다 도리어 교회에서 실망을 경험하며 교회를 떠나가고 있습니다. 위로를 받기보다 상처를 받고 떠나가고 있습니다. 교회 때문에 시험에 들고, 교회 때문에 가슴에 멍이 들고, 교회 때문에 눈물을 흘리며 떠나간 사람들이 얼마나 많습니까? 교회 때문에 말입니다.

원래 교회는 이런 모습이 아닙니다. 그런데 왜 교회가 세상 사람들의 지탄의 대상이 되고, 손가락질 받는 대상이 되었을까요? 교회의 본연의 모습을 상실했기 때문입니다. 이런 상황에 그리스도인들은 애통해야 합니다. 그리고 주님의 몸 된 교회를 영광스럽고 아름다운 교회의 모습으로 다시 세워 나가야 합니다.

"내가 내 영광의 집을 영화롭게 하리라"(사 60:7b).

하나님 역시 건물로서의 성전이 아닌 하나님의 영광이 임재해 계시는 주님의 몸으로서의 교회를 영화롭게 할 것이라고 말씀하십니다.

어떻게 교회를 영화롭게 하시는가

그렇다면 하나님은 어떻게 교회를 영화롭게 하실까요?

첫째, 심판을 통해 영화롭게 하십니다.

"너를 섬기지 아니하는 백성과 나라는 파멸하리니 그 백성들은 반드시 진멸되리라"(사 60:12).

하나님은 당신의 교회를 섬기지 않는 자는 파멸하고, 그 백성은 반드시 진멸하겠다고 말씀하십니다. 이것은 궁극적으로 신약의 교회가 누리게 될 권세와 영광에 대한 예언의 말씀이기도 합니다.

하나님은 또한 교회를 통해서 심판하십니다. 그리고 그 심판을 통해 교회를 영화롭게 하십니다. 이 말씀은 교회를 통해서만 구원에 이를 수 있다는 사실을 분명히 한 것입니다. 종교 다원주의에 빠진 자들은 교회를 통하지 않거나 교회 밖에도 구원이 있다고 말합니다. 하지만 성경은 한 번도 교회 밖에도 구원이 있다고 말한 적이 없습니다. 기억하십시오. 교회 안에만 구원이 있고, 교회를 통해서만 구원에 이를 수 있습니다. 여기서 말하는 교회는 건물로서의 교회를 말함이 아닙니다. 예수님이 머리 되시고, 우리가 그분의 몸이 되는 교회를 말합니다.

둘째, 역전의 승리를 통해 영화롭게 하십니다.

"너를 괴롭히던 자의 자손이 몸을 굽혀 네게 나아오며 너를 멸시하던 모든 자가 네 발아래에 엎드려 너를 일컬어 여호와의 성읍이라, 이스라엘의 거룩한 이의 시온이라 하리라"(사 60:14).

과거에 그들은 막강한 권력을 가지고 예루살렘을 쳐들어왔습니다. 여호와의 전과 왕궁을 불사르고, 예루살렘의 모든 집을 불사르고, 성벽을 허물어 버렸습니다. 또한 많은 사람들을 포로로 끌고 갔습니다. 유다 시드기야 왕의 두 아들을 그가 보는 앞에서 죽이고, 시드기야 왕도 두 눈을 뽑고 쇠사슬로 결박해서 바벨론으로 끌고 갔습니다. 그러면서 그들은 '너희가 믿는 여호와 하나님은 어디 계시냐'며 조롱했습니다.

그런데 상황이 달라졌습니다. 이제는 '너를 멸시하고 괴롭게 하던 자들과 그의 후손들이 예루살렘에 나아와 엎드려 여호와 하나님을 인정하며 경배를 드리게 될 것'이라는 것입니다. 도무지 상상할 수 없는 일들이 일어난다는 것입니다. 하나님은 이런 놀라운 역전을 통해 교회를 영화롭게 하십니다.

교회 역사를 보면 교회는 언제나 세상으로부터 괴롭힘과 멸시를 받아 왔습니다. 지금도 마찬가지입니다. 얼마나 많은 교회들이 핍박과 멸시를 받고 있습니까? 때로는 그 핍박이 너무나 커서 망할 것 같고, 사라질 것처럼 보입니다. 하지만 주님의 교회는 망하지 않습니다. 사라지지 않습니다.

중국에 문화혁명이 일어났습니다. 모든 교회가 문을 닫았고, 많은 그리스도인들이 숙청을 당했습니다. 그러나 비록 건물의 교회는 사라졌지만 주님의 몸 된 교회는 사라지지 않았습니다. 그루터기가 남아 있었습니다. 1949년, 중국이 공산화될 당시 기독교 인구는 430만 명이었습니다. 그런데 지금은 핍박 가운데서도 1억 명이 넘습니다. 중국 정부도 공식적으로 9천만 명이라고 말합니다.

북한도 마찬가지입니다. 공산 정부가 들어서면서 기독교를 말살했습니다. 하지만 모퉁이돌선교회의 통계에서는 30만 명이 넘는 지하 교회 성도들이 있는 것으로 파악하고 있습니다. 하나님이 함께하시는 교회를 해할 세력은 세상에 없습니다. 예수님도 이렇게 말씀하셨습니다.

"내가 이 반석 위에 내 교회를 세우리니 음부의 권세가 이기지 못하리라"(마 16:18).

하나님은 이렇게 역전의 은혜를 통해서 당신의 교회를 영화롭게 하십니다. 이스라엘 백성 가운데 역전의 은혜를 허락하신 하나님은 오늘 우리에게도 역전의 은혜를 베풀어 주실 것입니다. 다윗의 고백처럼 보란 듯이 원수의 목전에서 내게 상을 베푸실 것입니다. 당신의 원수들이 당신의 발아래 엎드려 굴복하는 날이 올 것입니다.

그러므로 지금 주님 때문에 핍박받거나 손해 보고 있다면 낙망하거나 좌절하지 마십시오. 지금 하나님의 징계 가운데 있다면 포기하지 마십시오. 힘들다고 무릎 꿇지 마십시오. 무릎은 기도할 때만 꿇으십시오. 우리 하나님은 역전의 하나님이십니다. 역전의 은총을 기대하고 사모하십시오. 아직 우리의 인생은 끝나지 않았습니다. 역전의 은혜가 당신을 기다리고 있습니다!

운동 경기만이 아니라 우리의 삶에도,

우리의 신앙생활에도 역전이 있습니다.

우리 하나님은 역전의 하나님이십니다.

역전의 명수이십니다.

"여러 계시를 받은 것이 지극히 크므로 너무 자만하지 않게 하시려고 내 육체에 가시 곧 사탄의 사자를 주셨으니 이는 나를 쳐서 너무 자만하지 않게 하려 하심이라 이것이 내게서 떠나가게 하기 위하여 내가 세 번 주께 간구하였더니 나에게 이르시기를 내 은혜가 네게 족하도다 이는 내 능력이 약한 데서 온전하여짐이라 하신지라 그러므로 도리어 크게 기뻐함으로 나의 여러 약한 것들에 대하여 자랑하리니 이는 그리스도의 능력이 내게 머물게 하려 함이라"

고후 12:7-9

12
가시의 은혜

나를 찌르는 가시가
나를 지키는 무기다

가시에 찔려 고생해 본 적이 있습니까? 선인장과 같은 작은 가시에만 찔려도 그 아린 고통이 얼마나 큰지 모릅니다. 저는 제주도로 신혼여행을 갔습니다. 제주도는 바다의 진미가 풍성합니다. 그런데 매운탕을 맛있게 먹다 그만 가시가 목에 걸려 버렸습니다. 정말 얼마나 고생했는지 모릅니다. 절약한다고 3천 원짜리 매운탕을 먹었는데 병원에 가서 5천 원을 주고 해결했습니다. 이처럼 가시에 찔려 고통을 당해 본 사람은 가시로 인한 고통이 얼마나 큰지 너무나 잘 압니다.

육 체 의 가 시

하나님의 사람 사도 바울에게는 육체의 가시가 있었습니다.

"여러 계시를 받은 것이 지극히 크므로 너무 자만하지 않게 하시려고 내
육체에 가시 곧 사탄의 사자를 주셨으니"(고후 12:7a).

바울에게 있던 육체의 가시는 무엇일까요? 많은 학자들은 안질이
라고 말합니다. 바울이 다메섹 도상에서 부활하신 주님을 만날 때 정
오의 햇빛보다 더 밝은 빛을 봄으로 시력을 잃은 적이 있기 때문입니
다. 또한 갈라디아 교회 성도들이 바울이 전하는 복음을 듣고 너무나
감격해서 자기들의 눈이라도 빼 주려고 했었기 때문입니다.

어떤 사람은 간질이라고 말합니다. 또 다른 사람은 로마서 7장과
같은 죄책감으로 인한 심한 편두통이라고 말하기도 합니다. 가톨릭
에서는 독신으로 살아가는 바울에게 있었던 육체적인 욕구, 독신의
고통이라고 말합니다. 최근에는 같은 민족인 유대인들의 핍박으로
보기도 합니다. 왜냐하면 구약에서는 가시라는 말이 하나님의 택한
백성을 괴롭히는 가나안 족속들에게 사용되었기 때문입니다.

"그들이 너희 옆구리에 가시가 될 것이며"(삿 2:3).

또 본문 10절에서 바울 자신이 "능욕과 궁핍과 박해와 곤고를 기뻐하노니"라고 말하고 있을 뿐만 아니라 육체의 가시를 인격적 존재인 사탄의 사자로 표현하고 있기 때문입니다. 사도행전에서 바울이 복음을 전하는 현장에는 어김없이 바울을 모함하고 잡아 죽이려 했던 유대인들이 있었습니다.

그런데 육체의 가시가 무엇인지는 별로 중요하지 않습니다. 중요한 것은 성령의 충만을 받고, 능력 있는 삶을 살며, 결혼도 하지 않고 오직 복음만을 위해 살고자 했던 사도 바울에게도 육체의 가시가 있었다는 사실입니다. 아름다운 장미에도 가시가 있듯 하나님 나라와 그의 의를 구하고자 하는 이에게도 육체의 가시가 있을 수 있습니다. 죄를 지어서만 고난이 오는 것은 아닙니다. 기도가 부족하기 때문에 고난의 가시가 주어지는 것만도 아닙니다.

우리에게도 동일한 고통과 아픔의 가시가 있습니다. 그것이 육체의 질병일 수도 있고, 가난일 수도 있습니다. 남모르는 과거의 아픔과 상처일 수도 있고, 신체적인 장애일 수도 있습니다. 때로는 내 사랑하는 남편과 아내, 내 자식이 내 인생의 가시일 수 있습니다.

바울의 간구

바울은 자신의 인생 가운데 육체의 가시가 주어졌을 때 어떻게 했을까요? 그는 주님에게 기도했습니다.

"이것이 내게서 떠나가게 하기 위하여 내가 세 번 주께 간구하였더니"
(고후 12:8).

바울은 육체의 가시로 인해 너무나도 힘든 고통을 경험했습니다. 때문에 육체의 가시를 떠나가게 하기 위해 주님에게 세 번 간구했습니다. 여기서 세 번은 문자적으로 세 번이 아니라, 여러 번 간절히 기도한 것을 상징적으로 표현한 것입니다.

육체의 가시를 만나면 주님에게 기도해야 합니다. 그런데 그것을 운명적으로 받아들이고 기도하지 않는 사람들이 있습니다. 육체의 가시가 너무 아파 속절없이 흐느껴 울면서도 기도의 무릎을 꿇지 않는 사람들이 있습니다. 그러나 바울은 기도했습니다. 중요한 것은 기도를 몇 번 했느냐가 아닙니다. 간절히 기도했다는 것입니다.

너무 자만하지 않게 하시려고

바울은 기도를 하고 자신에게 왜 이런 육체의 가시가 주어졌는지 이유를 알게 되었습니다.

"여러 계시를 받은 것이 지극히 크므로 너무 자만하지 않게 하시려고 내 육체에 가시 곧 사탄의 사자를 주셨으니 이는 나를 쳐서 너무 자만하지 않게 하려 하심이라"(고후 12:7).

너무 자만하지 않게 하시기 위해서였습니다. 자만이란 스스로 높아지는 것을 말합니다. 그러니까 스스로 높아지지 않도록 하시기 위해, 교만해지지 않도록 하시기 위해 육체의 가시를 주신 것입니다.

바울은 육체의 가시가 주어졌을 때 이것을 깨달은 게 아닙니다. 육체의 가시로 인해 괴로워하며 간절히 기도하다 깨닫게 된 것입니다. 고난의 가시가 주어지면 가장 먼저 기도해야 합니다. 그래야 이 가시가 나의 잘못으로 인함인지, 게으름과 악함 때문인지, 탐욕 때문인지, 청지기로서 건강과 시간과 물질을 바르게 관리하지 못함 때문인지, 아니면 하나님의 섭리 속에 주어지는 것인지를 알 수 있습니다.

사도 바울은 자만할 수 있는 모든 조건을 완벽하게 갖춘 사람이었습니다. 그는 태어난 지 8일 만에 할례를 받은 이스라엘 족속이요, 히브리인 중에 히브리인이었습니다. 열두 지파 가운데서도 가장 우월의식에 사로잡혀 있던 베냐민 지파의 사람이었습니다. 그리고 바리새인 중의 바리새인이요, 율법으로는 흠이 없는 사람이었습니다.

더 나아가 그는 당대 최고의 석학이요, 모든 백성에게 존경을 받는 가말리엘 문하에서 교육을 받은 사람이었습니다. 뿐만 아니라 로마의 시민권을 가진 자였습니다. 또한 무엇보다 바울은 영적으로 누구도 경험할 수 없는 신비한 체험을 한 사람이었습니다. 다메섹 도상에서 부활하신 주님을 빛 가운데 만났습니다.

이뿐 아닙니다. 바울은 하나님에게 이끌리어 셋째 하늘에 올라가 하늘의 영광을 보고 온 사람입니다. 유대인들은 새가 날아다니고 구름이 머무는 하늘을 첫째 하늘로, 궁창 위의 물이 보관되는 하늘을 둘째 하늘로, 하나님과 천사들이 거하는 하늘을 셋째 하늘로 보았습니다. 그러니까 셋째 하늘에 갔었다는 것은 천국을 보고 왔다는 것입니다. 그리고 신약 27권 가운데 무려 13권을 기록했습니다.

여기서 끝이 아닙니다. 사람들이 바울의 몸에서 손수건과 앞치마를 가져다가 병든 자에게 얹어 놓으면 병든 사람들이 고침을 받고 귀신들이 떠나갔습니다. 그가 가는 곳마다 많은 사람들이 예수를 믿고 주님에게로 돌아왔습니다. 또한 가는 곳마다 주님의 교회가 세워졌습니다.

이처럼 바울은 학문, 가문, 도덕, 윤리, 영적인 체험 및 은사에 있어 교만해질 수 있는 모든 것을 갖추고 있었습니다. 어쩌면 교만에 빠지는 것은 시간문제였을지도 모릅니다. 이에 하나님은 그러한 바울이 스스로 교만해질까 봐 육체의 가시를 주신 것입니다. 그래서 바울도 "여러 계시를 받은 것이 지극히 크므로 너무 자만하지 않게 하시려고 내 육체에 가시 곧 사탄의 사자를 주셨으니"(고후 12:7a)라고 말했습니다. 그렇습니다. 예수를 믿고 난 다음 하나님으로부터 계시를 가장 많이 받았던 사람이 바로 사도 바울입니다.

하나님은 교만한 자를 물리치시고 겸손한 자에게 은혜를 베푸십니다. 그러므로 아무리 많은 것을 체험하고, 많은 것을 알고 있다 할지라도 교만해서 버림을 받는다면 그 지식과 체험과 은사가 무슨 소용이 있겠습니까? 그런데 사람들은 남보다 많은 것을 갖게 되고, 더 많은 것을 알게 되고, 더 많은 영적인 체험을 하게 되면 자신도 모르게 자만해집니다. 이것이 타락한 인간의 본성입니다. 사실 스스로 원해서 교만해진 사람은 없습니다. 모든 사람은 다 겸손한 사람이 되고 싶어 합니다. 그런데 인간의 공통된 특징은 자신도 모르게 교만해진다는 것입니다.

하나님은 바울과 같이 우리 인생에도 가시를 주실 때가 있습니다. 자만해지지 않도록 하시기 위해서입니다. 주님 없이는 살 수 없는 존재임을 날마다 고백하며 살아갈 수 있도록 하시기 위해서입니다. 스스로 교만해서 버림받는 것보다 육체의 가시로 인해 주님만을 의지하며 살아가도록 하시기 위해 우리의 삶에 육체의 가시를 주십니다.

내 은혜가 네게 족하도다

바울은 하나님에게 육체의 가시가 떠나가게 해 달라고 세 번이나 간절히 기도했습니다. 그런 바울에게 하나님은 이렇게 말씀하셨습니다.

"나에게 이르시기를 내 은혜가 네게 족하도다"(고후 12:9a).

육체의 가시가 주는 고통 속에서도 이미 주어진 하나님의 은혜에 만족하며, 감사하며 살라는 것입니다. 다메섹 도상에서 만나 주시고, 이방인의 사도로 불러 주시고, 수많은 계시를 보여 주시고, 복음의 비밀을 깨닫게 해 주신 그 은혜에 만족하며 살라는 것입니다. 육체의 가시를 제거해 주지 않을지라도 그동안 베풀어 준 그 은혜에 만족하며 살라는 것입니다.

기도의 거절

사실 이 말씀은 기도에 대한 거절입니다. 하나님은 육체의 가시를 제거해 달라는 바울의 간절한 기도를 거절하셨습니다. 많은 사람들이 형통만을 은혜라고 생각합니다. 하지만 바울은 저주로 생각했던 가시가 바로 하나님의 은혜임을 알게 되었습니다. 많은 사람들이 기도의 응답만을 은혜라고 생각합니다. 그러나 바울은 기도의 거절도 은혜임을 알았습니다.

하나님은 우리의 모든 기도를 들으십니다. 그러나 우리의 모든 기도에 다 응답해 주시는 분은 아닙니다. 때로는 우리의 기도를 거절하시기도 합니다. 기도에 대한 하나님의 세 가지 반응이 있는데, 첫째는, 우리가 기도하자마자 곧바로 '알았다' 하시면서 응답해 주시는 경우입니다. 둘째는, 아직 때가 아니니 '기다려라' 말씀하시는 경우입니다. 셋째는, '그건 아니야' 말씀하시며 거절하시는 경우입니다. 하나님 편에서는 세 가지 반응 모두 응답입니다.

모세의 기도도 거절되었습니다. 모세는 하나님에게 요단 강을 건너 요단 저편에 있는 아름다운 땅을 보게 해 달라고 간절히 기도했습니다. 하지만 하나님은 "그만해도 족하니 이 일로 다시 내게 말하지 말라"(신 3:26)며 단호하게 거절하셨습니다. 이에 모세는 불평하거나 원망하지 않았습니다. 왜냐하면 자신을 향한 하나님의 뜻이 무엇인지를 알았기 때문입니다. 이스라엘 백성을 이끌고 가나안 땅에 들어가는 것은 자신의 사명이 아니라 여호수아에게 맡기신 사명임을 알았기 때문입니다.

예수님의 겟세마네 동산의 기도 또한 거절되었습니다. 예수님은 십자가를 지시기 전 "아버지여 만일 할 만하시거든 이 잔을 내게서 지나가게 하옵소서"(마 26:39)라며 땀방울이 핏방울이 되도록 기도하셨습니다. 그러나 하나님은 그 기도를 거절하셨습니다. 만일 하나님이 그 기도를 들으셔서 예수님이 고난의 잔을 마시지 않게 되었다면 어떻게 되었을까요? 우리의 구원은 이루어지지 않았을 것입니다.

나 자신보다 나를 더 잘 아시는 분이 바로 우리 주님이십니다. 무엇이 내 영혼에 유익이 되고 손해가 되는지를 너무나 잘 아십니다. 주님은 많은 경우 우리의 문제를 해결해 주시기보다는 그 문제를 그대로 놓아 둔 채 그것을 감당할 수 있는 힘을 주십니다. 19세기 미국 최고의 설교자 필립스 브룩스(Phillips Brooks)는 "나는 가벼운 짐을 달라고 기도하기보다 더 강한 등을 달라고 기도한다"라고 말했습니다. 이런 깨달음이 바로 주님의 은혜입니다.

하나님은 우리 기도에 무조건 응답하시는 분이 아닙니다. 하나님은 가장 적절할 때에 우리 영혼에 가장 유익한 방향으로 응답하십니다. "내 은혜가 네게 족하도다"(고후 12:9). 기도에 응답해 주시지 않는다고 불평하지 마십시오. 하나님은 우리에게 베풀어 주신 은혜와 사랑을 묵상할 수 있도록 우리를 이끌어 주십니다.

우리를 죄와 사망의 법에서 구원해 생명을 주시고, 자녀로 삼으시고, 여기까지 인도해 주신 은혜를 묵상해 보십시오. 아무런 조건 없이 베풀어 주신 하나님의 사랑을, 주님의 긍휼을, 예수 그리스도의 은혜를 가만히 묵상해 보십시오. 아무리 문제가 커 보여도, 그 가시로 인한 아픔이 커 보여도, 믿음의 눈으로 바라보면 지금의 문제보다, 지금의 고통보다 내가 주님으로부터 받은 은혜가 훨씬 더 큼을 알 수 있습니다. 그러므로 불평과 원망에 앞서 이미 내가 받은 은혜, 내게 주어진 그 은혜를 생각해 보십시오.

바울의 반응

바울은 자신의 간절한 기도가 거절당했을 때 어떻게 반응했습니까?

"그러므로 도리어 크게 기뻐함으로"(고후 12:9b).

첫째, 크게 기뻐했습니다. 바울은 자신의 기도가 거절되었음에도 불구하고 낙망하지 않았습니다. 원망하지도 않았습니다. 불평하지도 않았습니다. 기도를 쉬는 죄를 범하지도 않았습니다. 도리어 크게 기뻐했습니다. 가시가 물러간 것도 아니고, 자신의 처지와 환경이 바뀐 것도 아닌데 말입니다. 이유가 무엇입니까? 가시의 의미를 깨달았기 때문입니다. 여러 계시를 받은 것이 지극히 크기에 자만하지 않게 하시려고 육체의 가시를 주셨다는 것을 깨닫게 된 것입니다.

나의 기도가 응답되지 않았다는 사실 때문에 기뻐해 본 적이 있습니까? 기도 중에 고난의 가시를 주신 하나님의 뜻을 깨닫고 크게 기뻐한 적이 있습니까? 기도가 거절되었을 때 기뻐하는 것은 정말 어렵습니다. 그러나 합력해서 선을 이루시는 하나님을 믿는 자는, 하나님의 섭리와 주권을 깨달은 자는 크게 기뻐할 수 있습니다.

둘째, 자신의 약함을 자랑했습니다.

"그러므로 도리어 크게 기뻐함으로 나의 여러 약한 것들에 대하여 자랑하리니 이는 그리스도의 능력이 내게 머물게 하려 함이라"(고후 12:9b).

사람들은 자신의 강함을 자랑하고, 약함을 숨기려고 합니다. 그런데 바울은 자신의 여러 약한 것들에 대해 자랑했습니다. 하나님의 능력이 약한 데서 온전해짐을 깨달았기 때문입니다. 내가 약할 때, 겸손할 때 주님의 능력이 내 안에 머물러 있고, 주님의 능력이 가장 강하게 나타난다는 사실을 알았기 때문입니다. 그래서 그는 자신의 약함을 자랑했습니다.

"이는 내가 약한 그때에 강함이라"(고후 12:10b).

하나님의 사람은 언제 제일 강할까요? 돈이 있을 때일까요? 높은 자리에 있을 때일까요? 건강할 때일까요? 아닙니다. 주님 안에서 제일 약할 때입니다. "주님, 나는 정말 아무것도 아닙니다. 흙덩어리에 불과한 존재입니다. 만삭되지 못해서 난 자와 같습니다. 내게는 아무힘도 없습니다. 아무 능력도 없습니다. 가진 것도 없습니다. 아는 것도 없습니다. 주님 없이는 아무것도 할 수 없습니다. 주님! 나의 힘이 되어 주십시오. 주님! 나의 능력이 되어 주십시오!" 이렇게 겸손한 마음으로 자신의 연약함을 인정하며 나아갈 때 주님이 강하게 역사하십니다. 그런 자에게 성령이 강하게 기름 부으십니다.

너무나 많은 사람들이 육체의 가시 앞에서 인생을 포기하고 하나님을 원망하며 좌절과 절망 속에 살아갑니다. 그러나 우리는 우리의 약함과 육체의 가시가 결코 우리의 인생을 망치도록 내버려 두어서는 안 됩니다. 자신의 약함으로 인해 패배의식이나 열등의식에 사로잡혀서는 안 됩니다. 도리어 우리의 약함과 육체의 가시를 그리스도의 능력과 하나님의 축복을 경험하는 기회로 삼아야 합니다. 고난을 축복의 기회로 삼아야 합니다.

'로봇 다리' 김세진 군이 있습니다. 세진 군은 두 다리와 한쪽 손의 손가락 세 개가 없는 선천적 장애를 가지고 태어났습니다. 이런 장애를 안고 태어났기에 부모로부터도 버림을 받았습니다. 그런데 생후 6개월 때 싱글 맘인 양정숙 씨에 의해 입양되어 그 가족이 되었습니다. 엄마가 된 그녀는 집을 팔아 세진 군에게 수술과 의족을 해 줬고, 세진 군은 뼈와 살을 깎는 여섯 번의 수술을 이겨 냈습니다. 또한 세상의 편견에 상처받고 부당한 대우에 눈물로 지새운 날이 셀 수 없이 많았지만, 지금 순간이 절망만이 아닌 꿈을 위한 단계임을 알고 믿음의 힘으로, 소망의 힘으로 그리고 사랑의 힘으로 이겨 냈습니다.

이후 세진 군은 재활 치료로 입문하게 된 수영을 통해 선수의 꿈을 갖게 되었고, 힘든 상황과 조건 속에서도 장애인 국가대표 수영 선수가 되었습니다. 그리고 런던 장애인 올림픽에서 수영 부문 금메달을 땄습니다. 세진 군은 성균관대학교 스포츠과학부 수시전형에 장애인으로서 최연소 입학했습니다. 그리고 미국 허드슨 강 10킬로미터 수영에 역대 최연소로 도전, 18세 미만에서는 1위, 전체에서는

21위라는 성적을 거뒀습니다. 비록 육체적 가시를 안고 태어났지만 지금은 많은 사람들에게 꿈과 희망을 전하는 희망의 아이콘이 되었습니다.

지금 육체의 가시 때문에 아파서 울고 있습니까? 가시를 가시로만 보지 마십시오. 가시 속에 숨겨진 하나님의 은혜를 보십시오! 바울은 가시만 보지 않고 가시 속에 숨겨진 하나님의 은혜를 보았습니다. 그래서 크게 기뻐하며 자신의 약함을 자랑하기 시작했습니다. 육체의 가시 또는 약함으로 인해 깨닫게 된 하나님의 은혜가 있습니까? 그렇다면 바울처럼 그것을 자랑하십시오. 그럴 때 그 가시는 더 이상 나를 찌르는 것이 아니라, 나에게 은혜를 끼치는 감사가 될 것입니다.

하나님은 바울과 같이 우리 인생에도
가시를 주실 때가 있습니다.
자만해지지 않도록 하시기 위해서입니다.
주님 없이는 살 수 없는 존재임을
날마다 고백하며 살아갈 수 있도록 하시기 위해서입니다.

Stand Firm In His Grace

4부

하나님의
은혜를
나누라

"만군의 여호와가 이르노라 너희의 온전한 십일조를 창고에 들여 나의 집에 양식이 있게 하고 그것으로 나를 시험하여 내가 하늘 문을 열고 너희에게 복을 쌓을 곳이 없도록 붓지 아니하나 보라 만군의 여호와가 이르노라 내가 너희를 위하여 메뚜기를 금하여 너희 토지소산을 먹어 없애지 못하게 하며 너희 밭의 포도나무 열매가 기한 전에 떨어지지 않게 하리니 너희 땅이 아름다워지므로 모든 이방인들이 너희를 복되다 하리라 만군의 여호와의 말이니라"

말 3:10-12

"한 사람이 두 주인을 섬기지 못할 것이니 혹 이를 미워하고 저를 사랑하거나 혹 이를 중히 여기고 저를 경히 여김이라 너희가 하나님과 재물을 겸하여 섬기지 못하느니라"

마 6:24

13
십일조의 은혜

하나님의 사랑을
계산하지 말라

미국에 하이드라고 하는 한 사업가가 있었습니다. 그는 유난히 교회 봉사에 헌신하는 삶을 살았습니다. 또한 사업을 시작한 이래 매번 십일조를 드렸고, 때로는 더 많은 감사 헌금을 하기도 했습니다. 하지만 1887년 극심한 경제공황이 찾아왔고, 하이드 역시 전 재산을 날린 것도 모자라 거액의 빚을 지게 되었습니다. 그럼에도 하이드는 경제적으로 어려운 아홉 가정을 후원하기로 한 것과 영국의 복음주의 개신교인들이 산업 혁명 당시에 결성한 기독교 청년회 'YMCA'를 도와주기로 했기에 자신의 집을 팔아서 그 약속을 지켰습니다. 그리고 3년 뒤, 그가 차린 소규모 회사는 하나님의 놀라운 축복 속에 많은 사람들로부터 인정받는 세계적인 기업이 되었습니다. '모든 재물이 다 주의 것'이라는 청지기의 삶을 살았던 그가 경영한 회사는 바로 맨소래담

(Mentholatum)입니다.

사람들은 돈을 좋아합니다. 우리는 돈이 없으면 살아가기 힘든 세상에 살고 있습니다. 그래서 돈을 벌기 위해 공부를 하고, 직장을 다니고, 장사를 하고, 주식 투자나 비트코인을 캐기 위해 채굴기도 돌립니다.

성경은 돈 자체를 부정하거나 죄악시하지 않습니다. 신명기 8장 18절은 "네 하나님 여호와를 기억하라 그가 네게 재물 얻을 능력을 주셨음이라"고 말씀하고, 시편 112편 3절은 정직한 자들의 후손에게는 "부와 재물이 그의 집에 있음이여"라고 말씀합니다. 돈은 나쁜 것이 아닙니다. 좋은 것입니다. 아니 필요한 것입니다.

돈 을 사 랑 하 지 말 라

하지만 성경은 '돈을 사랑하지 말라'고 말씀합니다. 일만 악의 뿌리가 되기 때문입니다.

"돈을 사랑함이 일만 악의 뿌리가 되나니"(딤전 6:10).

돈을 사랑하는 것으로부터 온갖 부정과 부패와 타락과 미움과 갈등과 반목과 뇌물과 사치와 방종과 살인이 일어납니다. 돈 때문에 가정이 깨지고, 형제가 형제를 미워하며, 반인륜적인 범죄까지 일어나기도 합니다.

돈은 인격이 아닙니다. 이는 사랑의 대상이 아니라는 것입니다. 돈은 삶의 도구일 뿐입니다. 집을 짓는 목수에게 연장이 필요하고, 곡식을 베는 농부에게 낫이 필요하고, 고기를 잡는 어부에게 배와 그물이 필요하듯, 돈 역시 우리의 삶에 필요한 도구입니다. 그런데 사람들은 돈을 사랑합니다. 심지어 돈의 지배를 받으며 살아갑니다.

한 사람이 두 주인을 섬기지 못함

"한 사람이 두 주인을 섬기지 못할 것이니 혹 이를 미워하고 저를 사랑하거나 혹 이를 중히 여기고 저를 경히 여김이라 너희가 하나님과 재물을 겸하여 섬기지 못하느니라"(마 6:24).

예수님은 한 사람이 두 주인을 섬길 수 없다고 말씀하셨습니다. 두 주인은 바로 '하나님'과 '재물'입니다. 여기서 재물은 '맘몬'(mammon)을 말합니다. 그리고 섬긴다는 것은 '신뢰하고 의지하는 것'을 말합니다.

돈은 단순한 물질이 아닙니다. 가장 영적인 것입니다. 그래서 성경은 "탐심은 우상 숭배"(골 3:5)라고 말하고 있습니다. 그런데 사람들은 하나님과 재물을 겸하여 섬기려고 합니다. 아니, 눈에 보이지 않는 하나님을 주인으로 삼고 섬기기보다 당장 내가 원하는 것을 갖게 해 주고 나의 필요를 채워 주는 재물을 더 신뢰하고 의지하며 살아갑니다. 예수님은 보물을 땅이 아닌 하늘에 쌓으라고 말씀하셨는데 말입니다.

주님은 우리가 맘몬을 섬기며 탐욕의 지배를 받을 때 얼마나 비참해지고 추한 인생이 되는지를 너무나 잘 알고 계십니다. 그래서 하나님은 당신의 백성이 맘몬을 섬기거나 탐욕의 지배를 받지 않도록 하시기 위해 놀라운 은혜의 방편을 주셨습니다. 그것이 바로 십일조입니다. 성경을 보면 약 60여 곳에서 십일조에 대해 말하고 있습니다.

십일조를 부정하는 사람들의 이유

그런데 많은 사람들이 십일조를 반대합니다. 십일조는 율법에 속한 것이기 때문이라고 말합니다. 예수님이 십자가에서 율법을 폐하셨기 때문에 율법에서 자유함을 얻은 새 언약의 백성인 우리는 십일조를 드려야 할 의무가 없다는 것입니다. 맞습니다. 예수님이 이 세상에 오심으로 율법은 폐지되었습니다. 그래서 바울은 이렇게 말했습니다.

"법조문으로 된 계명의 율법을 폐하셨으니"(엡 2:15).

예수님은 인간의 몸을 입고 이 세상에 오셔서 십자가에서 율법을 폐하셨습니다. 예수님이 오심으로 폐해진 율법은 무엇입니까? 재판과 제사의식과 관련된 계명입니다. 그래서 우리는 할례를 받지 않으며, 피의 제사를 드리지도 않습니다. 레위기에 언급된 음식의 규례 또한 지키지 않습니다. 주님이 오심으로 법조문으로 된 계명의 율법을 폐하셨기 때문입니다.

하지만 십일조는 율법 이전부터 시행되었습니다. 모세의 율법이 주어지기 전 족장 시대부터 언약의 축복으로 시행되어 왔습니다. 창세기 14장을 보면 아브라함이 소돔과의 전쟁에서 승리해 롯과 그 가족들을 구해 냅니다. 그때 전쟁에서 승리하고 돌아온 아브라함이 전쟁에서 얻은 전리품의 10분의 1을 살렘 왕 멜기세덱에게 바칩니다.

"너희 대적을 네 손에 붙이신 지극히 높으신 하나님을 찬송할지로다 하매 아브람이 그 얻은 것에서 십분의 일을 멜기세덱에게 주었더라"(창 14:20).

아브라함이 그리스도를 예표하는 살렘 왕 멜기세덱에게 십일조를 드린 이유가 무엇일까요? 전쟁에서 승리하게 하신 지극히 높으신 하나님을 찬양하기 위해서입니다. 그래서 강요나 의무가 아닌 자원하는 마음으로 드렸습니다.

창세기 28장을 보면 형의 낯을 피해서 도망을 치던 야곱이 벧엘에서 하나님을 만났습니다. 그때 하나님은 야곱을 찾아오셔서 "내가

너와 함께 있어 네가 어디로 가든지 너를 지키며 너를 이끌어 이 땅
으로 돌아오게 할지라"(창 28:15)고 약속해 주셨습니다. 그러자 야곱
이 "하나님이 나와 함께 계셔서 내가 가는 이 길에서 나를 지키시고
먹을 떡과 입을 옷을 주시어 내가 평안히 아버지 집으로 돌아가게 하
시오면 … 하나님께서 내게 주신 모든 것에서 십분의 일을 내가 반드
시 하나님께 드리겠나이다"(창 28:20-22)라고 서원했습니다. 야곱이
드린 십일조 역시 강요에 의해서가 아니라 자신에게 베풀어 주신 하
나님의 은혜 때문에 서원한 것입니다. 이처럼 십일조는 모세의 율법
이 주어지기 전부터 존재했습니다.

설령 십일조가 율법이고 그래서 율법이 폐해졌다 할지라도 그 율
법의 원리와 정신은 남아 있습니다. 분명히 주님이 오심으로 예수 그
리스도를 예표하는 모든 그림자는 사라졌습니다. 그러나 예수님은
이렇게 말씀하셨습니다.

"내가 율법이나 선지자를 폐하러 온 줄로 생각하지 말라 폐하러 온 것이
아니요 완전하게 하려 함이라"(마 5:17).

율법이 폐해졌기에 새 언약의 백성인 우리는 짐승을 잡아 피의 제
사를 드리지 않습니다. 예수님이 십자가 위에서 속죄의 제물이 되사
우리의 모든 죄를 단번에 사하셨기 때문입니다. 그렇지만 우리는 구
약의 피의 제사를 통해 주님의 십자가의 보혈을 바라볼 수 있고, 의지

하게 되었습니다. 또한 우리는 지금 육체의 할례를 행하지 않습니다. 그러나 바울의 고백처럼 우리는 마음의 할례를 받아야 합니다.

십일조 역시 마찬가지입니다. 십일조가 율법이므로 폐해졌다 할지라도, 하나님의 주권을 인정하고 그 은혜에 감사함으로 드리기를 원했던 율법의 정신과 원리는 그대로 남아 있는 것입니다. 옛 언약의 백성은 십일조를 드릴 때 세금을 내는 것처럼 법으로 드리고 의무감으로 드렸습니다. 하지만 새 언약의 백성인 우리는 법으로, 의무감으로 드리는 것이 아니라 하나님의 은혜에 감격해서 더 풍성한 연보를 드리는 것입니다. 그래서 새 언약의 백성인 초대교회 성도들은 십일조를 뛰어넘는 자신의 모든 소유를 팔아 드렸습니다. 십의 일조보다 더 풍성한 연보를 드렸습니다.

십일조를 부정하는 사람들은 말합니다. 신약의 예수님은 십일조에 대해 말씀하신 적이 없다고 말입니다. 정말 그럴까요? 당시 서기관과 바리새인들은 율법적으로 철저하게 십일조를 드렸습니다. 그들은 구약성경에 나와 있지 않은 박하와 회향과 근채와 같은 향료의 십일조까지 꼬박꼬박 바쳤습니다. 그리고 자신들이 이렇게 철저하게 십일조를 바친다는 것을 모든 사람들에게 자랑했습니다. 하지만 그들에게는 그보다 더 중요한 정의와 긍휼과 믿음이 없었습니다. 그들은 불의를 행하며, 고아와 과부를 불쌍히 여기지도 않았습니다. 그래서 주님은 이것들에 대해 책망하시면서 이렇게 말씀하셨습니다.

"이것도 행하고 저것도 버리지 말아야 할지니라"(마 23:23).

무슨 말입니까? 10분의 1을 구별해서 하나님에게 드리는 것도 행하고, 정의롭고 긍휼히 여기며 믿음으로 행하는 삶도 살라는 것입니다. 십일조만 드리면 법을 다 지킨 것처럼 생각하지 말라는 것입니다. 십일조만 드리면 복을 받는다고 생각하지 말고, 정의로운 삶을 살라는 것입니다. 가난하고 소외된 사람들을 긍휼히 여기는 삶을 살라는 것입니다. 위선과 가식의 삶이 아닌 믿음의 삶을 살라는 것입니다. 팀 켈러 역시 이 말씀은 십일조를 하지 말라는 뜻이 아니라 예수님이 바리새인들에게 십일조 그 이상을 요구하신 것이라고 말했습니다.

내게로 돌아오라

만군의 여호와 하나님이 오랫동안 말씀을 지키지 않았던 백성에게 "내게로 돌아오라"(말 3:7)고 말씀하십니다. 그러자 백성이 "우리가 어떻게 하여야 돌아가리이까"(말 3:7)라고 물었습니다. 그때 하나님은 강력한 어조로 '너희가 나의 것을 도둑질하였다'고 말씀하셨습니다.

"사람이 어찌 하나님의 것을 도둑질하겠느냐 그러나 너희는 나의 것을 도둑질하고도 말하기를 우리가 어떻게 주의 것을 도둑질하였나이까 하는도다 이는 곧 십일조와 봉헌물이라"(말 3:8).

그들이 도둑질한 것은 십일조와 봉헌물입니다. 그리고 다시 말씀하셨습니다.

"너희 곧 온 나라가 나의 것을 도둑질하였으므로 너희가 저주를 받았느니라"(말 3:9).

온전한 십일조란

"만군의 여호와가 이르노라 너희의 온전한 십일조를 창고에 들여 나의 집에 양식이 있게 하고"(말 3:10a).

온전한 십일조란 어떤 것일까요? 청지기 신앙의 고백으로 드리는 것입니다. 하나님은 십일조에 대한 규례를 주실 때 분명히 '십분의 일은 여호와의 것'이라고 말씀하셨습니다.

"그 십분의 일은 여호와의 것이니 여호와의 성물이라"(레 27:30).

지금 내게 있는 재물이 나의 수고와 노력으로 얻어졌다 할지라도 그 재물의 원주인은 바로 주님이십니다. 그러므로 우리는 '나는 주님이 맡겨 주신 것들을 잘 관리하는 청지기일 뿐입니다'라는 신앙의 고백으로 십일조를 드리는 것입니다. 이 고백이 없이 복 받기만을 위해 드리는 십일조는 온전한 십일조가 아닙니다.

온전한 십일조를 드리려면 내가 가진 모든 것이 하나님의 것이라는 신앙이 있어야 합니다. 그래서 주님은 십일조를 드리지 않는 그들의 행위를 지적하시면서 '나의 것을 도둑질하였다'고 말씀하신 것입니다. 흥미롭게도 '도둑질'이라는 표현이 8-9절에 무려 네 번이나 나옵니다. '나의 것을 도둑질했다'는 말은 그 소산과 재물의 원주인이 바로 하나님이심을 뜻합니다. 십일조를 드리는 것은 경제적 주권이 주님에게 있음을 인정해 드리는 신앙의 고백인 것입니다.

하나님의 평가 기준은 언제나 믿음입니다. 하나님은 "네 믿음이 크도다"(마 15:28)라고 칭찬하셨고, "믿음이 작은 자여"(마 14:31)라고 책망하셨으며, 또 "너희 믿음대로 되라"(마 9:29)고 선포하셨습니다. 이 믿음의 척도가 바로 물질입니다. 그래서 "네 보물 있는 그곳에는 네 마음도 있느니라"(마 6:21)고 말씀하셨고, "하나님과 재물을 겸하여 섬기지 못하느니라"(마 6:24)고 말씀하신 것입니다.

온전한 십일조는 또한 의무가 아닌 은혜에 감격해서 드리는 것입니다. 우리가 왜 십일조를 드립니까? 구원받기 위해서입니까? 십일조는 구원의 문제가 아닙니다. 그렇다면 복을 받기 위해서입니까? 하나님은 십일조를 말씀하시면서 복을 약속하셨습니다. 그러나 우리가 그 복만을 받기 위해 십일조를 드린다면 그것은 정말 유치한 일입니다. 우리가 십일조를 드리는 이유는 단순합니다. 우리에게 베풀어 주신 은혜가 너무 크기 때문입니다.

아브라함이 왜 십일조를 드렸습니까? 전쟁에서 승리하게 하신 하나님의 은혜를 찬양하기 위해서입니다. 야곱이 왜 십일조를 드리겠다고 서원했습니까? 자신을 만나 주시고 약속해 주신 그 은혜가 너무 컸기 때문입니다. 십일조는 강요나 명령이나 의무감 때문에 드리는 것이 아닙니다. 우리에게 베풀어 주신 하나님의 은혜로 인해 드리는 것입니다. 그 은혜에 감격해서 감사함으로 드리는 것이 바로 온전한 십일조입니다.

나를 시험해 보라

"나를 시험하여 내가 하늘 문을 열고 너희에게 복을 쌓을 곳이 없도록 붓지 아니하나 보라"(말 3:10b).

여호와를 시험하는 것은 불신앙이기에 성경은 이를 금하고 있습니다. 그런데 십일조와 관련된 말씀을 주실 때에는 '나를 시험해 보라'고 말씀하셨습니다. 그만큼 온전한 십일조를 드리기가 어렵기 때문입니다. 그 이유는 십일조를 드리면 드린 만큼 손해가 된다는 생각,

곧 우리 안에 있는 탐욕 때문입니다. 사실 어려운 생활 가운데서 십의 일조를 드린다는 것은 분명 손해입니다. 인간의 산술로 보면 정말 손해요, 마이너스입니다.

그런데 하나님은 '온전한 십일조를 드려 나를 시험해 보라!'고 말씀하십니다. '시험해 보라'는 것은 하나님을 평가하라는 말이 아닙니다. 확증하라는 말입니다. 하나님에 대한 믿음을, 사랑을, 약속을 확증하라는 말입니다. 우리에게 하신 약속이 참인지 거짓인지 온전한 십일조를 드려 확증해 보라는 말입니다. 우리의 계산대로 사는 삶이 성공하는 삶인지, 아니면 하나님의 법칙에 따라 하나님의 계산대로 사는 삶이 복된 삶인지 한번 시험해 보십시오.

온전한 십일조를 드리는 자에게 약속된 복

"만군의 여호와가 이르노라 내가 너희를 위하여 메뚜기를 금하여 너희 토지소산을 먹어 없애지 못하게 하며 너희 밭의 포도나무 열매가 기한 전에 떨어지지 않게 하리니"(말 3:11).

온전한 십일조를 드리는 자에게는 수고한 대로 거두게 되는 약속된 복이 임합니다. 만군의 여호와 하나님은 농경 시대의 사람들인 그들에게 "메뚜기를 금하여 너희 토지소산을 먹어 없애지 못하게 하며 너희 밭의 포도나무 열매가 기한 전에 떨어지지 않게" 해 주겠다고 말씀하셨습니다. 아무리 수고해서 씨를 뿌리고 잘 가꾼다 해도 메뚜기 떼의 습격을 받고 나면 열매는 사라지고 앙상한 줄기와 가지밖에 남지 않습니다. 또 큰 태풍이 불어오거나 병충해가 발생하면 포도 열매는 기한 전에 떨어지게 됩니다. 그렇게 되면 모든 수고가 물거품이 되는 것입니다. 투자비만 날리고 빚더미에 앉게 되는 것입니다.

우리 인생에도 이런 일들이 정말 많이 있습니다. 남보다 더 많이 수고하고 투자했는데 열매를 맺지 못할 때가 있습니다. 열심히 살려고 몸부림치는데 사기를 당하기도 합니다. 또 교통사고를 당하거나 가족 중에 누군가 병원에 입원하기도 합니다. 원치 않는 우환질고를 만납니다.

그런데 만군의 여호와 하나님이 약속하십니다. "온전한 십일조를 창고에 들여 나의 집에 양식이 있게"(말 3:10) 하면 '수고한 대로 그 열매를 거두게 하리라'고 말씀하십니다. 십일조를 드리면 떼부자가 되게 해 주신다는 말씀이 아닙니다. 수고한 대로 열매를 거두게 하시겠다는 것입니다.

또한 온전한 십일조를 드리는 자에게 주님은 "너희를 복되다 하리라" 하셨습니다.

"너희 땅이 아름다워지므로 모든 이방인들이 너희를 복되다 하리라" (말 3:12a).

땅이 아름다워진다는 것은 우리 삶의 터전이 아름다워진다는 것입니다. 온전한 십일조를 드릴 때 하나님은 우리가 머물러 있는 삶의 터전에서 저주가 떠나고 하나님의 은혜와 평강이 임하게 하십니다. 수고한 대로 열매를 거두게 하십니다. 그래서 하나님을 모르는 주변 사람들이 그것을 보고 "당신은 참 복이 많은 사람입니다"라고 고백하게 되는 것입니다. 이렇듯 하나님은 우리 모두가 온전한 십일조를 드림으로 수고한 대로 열매를 거두고, 삶의 터전이 아름다워짐으로 주변의 모든 사람들이 그 복을 보고 부러워하기를 원하십니다.

사탄의 전략

그런데 사람들은 온전한 십일조를 드리지 않습니다. 하나님이 이렇게까지 복을 약속하시고 심지어 하나님 자신의 이름을 걸고 시험해 보라고 말씀하셨지만 순종하기를 꺼립니다. 배후에 사탄의 전략이 있기 때문입니다.

사탄은 성도들이 온전한 십일조를 드림으로 이 약속된 복을 받는 것을 싫어합니다. 뿐만 아니라 사탄은 성도들이 십일조만 드리지 않으면 주님의 몸 된 교회도 무너뜨릴 수 있다는 전략을 가지고 있습니다. 실제로 사사 시대에는 사람들이 십일조를 드리지 않았습니다. 그러자 레위인들이 생계를 유지하기 위해 성전을 떠나 방황하기 시작했습니다. 느헤미야 13장에도 레위 사람들이 받을 몫을 주지 않아 각각 자기 밭으로 도망을 간 장면이 나옵니다. 그때 느헤미야가 어떻게 했습니까?

> "내가 모든 민장들을 꾸짖어 이르기를 하나님의 전이 어찌하여 버린바 되었느냐 하고 곧 레위 사람을 불러 모아 다시 제자리에 세웠더니"(느 13:11).

십일조를 드리지 않았더니 하나님의 전이 버린바 되었다고 말합니다. 그리고 다시 레위 사람들을 불러 제자리에 세웠더니 사람들이 곡식과 새 포도주와 기름의 십일조를 가져다가 곳간에 두기 시작했습니다.

오늘날도 마찬가지입니다. 십일조를 드리지 않으면 대부분의 교회는 문을 닫습니다. 교회는 교역자들과 직원들의 사례비도 줄 수 없게 되고, 선교는 물론 가난하고 소외된 자를 도울 수도 없게 됩니다.

십일조를 율법이라고 말하며 드리지 않는 일본 교회와 유럽 교회를 보십시오. 지금 어떻게 되었습니까? 대부분 문을 닫았습니다. 그래서 사탄은 '십일조는 율법이다. 은혜의 시대에는 십일조를 드리지 않아도 된다'고 말하는 것입니다. 이것이 성도들로 하여금 약속된 복을 받아 누리지 못하게 만들고, 주님의 교회를 무너지게 하려는 사탄의 전략인 것입니다. 이런 사탄의 전략에 넘어가서는 안 됩니다.

우리는 하나님과 재물을 겸해서 섬길 수 없습니다. 하나님을 우리 인생의 주인으로 섬기며 살든지, 아니면 맘몬을 인생의 주인으로 섬기며 살든지 둘 중 하나를 택할 수밖에 없습니다. 그렇다면 당신의 인생의 주인은 누구입니까? 하나님입니까, 아니면 맘몬입니까? 결국 십일조는 '누가 내 인생의 주인인가?' 하는 문제를 결정하는 시금석인 것입니다. 주일 성수가 영적 주권을 인정하는 것이라면, 십일조는 경제적 주권을 인정해 드리는 것입니다.

온전한 십일조란 어떤 것일까요?

청지기 신앙의 고백으로 드리는 것입니다.

하나님은 십일조에 대한 규례를 주실 때

분명히 '십분의 일은 여호와의 것'이라고 말씀하셨습니다.

"그러나 내가 나 된 것은 하나님의 은혜로 된 것이니 내게 주신

그의 은혜가 헛되지 아니하여 내가 모든 사도보다 더 많이 수고

하였으나 내가 한 것이 아니요 오직 나와 함께하신 하나님의 은

혜로라"

고전 15:10

14
수고의 은혜

나를 향한
하나님의 열심을 기억하라

미즈노 겐조는 '눈 깜빡이는 시인'으로 불립니다. 초등학교 4학년 때까지 건강했던 그는 그해 여름 그만 홍역에 걸렸고, 뇌성마비로 인해 오직 눈만 깜빡일 수 있었습니다. 이후 마을 교회의 목사가 그에게 성경책을 선물해 주었고, 이후 겐조는 어머니의 도움을 통해 하나님의 세계를 만날 수 있었습니다. 그 후 예수님을 영접하고 가슴이 뜨거워진 그는 어머니가 짚어 주는 철자에 눈짓으로 반응했고, 감정을 표현하며 시를 쓰기 시작했습니다. 그렇게 나온 시집들 중에 하나가 바로 《내 은혜가 네게 족하도다》입니다. 그의 시는 온통 하나님을 찬미하는 기쁨으로 펼쳐져 있습니다. 비탄과 절망에 빠질 수밖에 없는 상황이었지만 연약함을 도리어 은혜로 알았던 그의 이야기는 일본 공영 방송사 NHK에서 특집 방송되었고, 그의 시는 일본 문단의 주목을 받으며 많은 독자들의 가슴을 울리는 베스트셀러가 되었습니다.

세상의 종교와 기독교가 확연하게 다른 것이 있습니다. 세상의 종교는 행위를 근거로 하지만 기독교는 은혜를 근거로 합니다. 세상의 종교는 인간의 행위로부터 시작하지만 기독교는 하나님의 은혜로부터 시작합니다.

세상의 모든 종교는 행위 종교입니다. 인간의 행위를 강조합니다. 그러나 기독교는 은혜의 종교입니다. 성경에는 은혜가 정말 많이 나옵니다. 본문 10절에도 은혜라는 단어가 세 번 반복됩니다.

은혜란 무엇인가

그렇다면 은혜란 무엇일까요? 은혜는 헬라어로 '카리스'라고 합니다. 카리스란 받을 자격이 없는 자에게 값없이 베풀어 주시는 하나님의 호의와 사랑입니다. 은혜는 삯으로 주어지는 것이 아닙니다. 삯은 자기가 일한 대가를 정당하게 받는 것이기 때문입니다.

사도 바울은 로마서 4장에서 "일하는 자에게는 그 삯이 은혜로 여겨지지 아니하고 보수로 여겨지거니와"(롬 4:4)라고 말했습니다. 여기서 '일하는 자'는 누구일까요? 인간의 행위와 열심으로 의롭다 함을 얻으려는 사람입니다. 은혜와 행위는 서로 배타적일 수밖에 없습니다. 그래서 사도 바울은 로마서 11장 6절에서 "만일 은혜로 된 것이면 행위로 말미암지 않음이니 그렇지 않으면 은혜가 은혜 되지 못하느니라"고 말했습니다. 인간의 선한 행위가 신앙의 출발이 되고 근거가 되면 은혜가 은혜 될 수 없습니다.

신앙의 기초

그러므로 신앙의 시작, 신앙의 기초는 행위가 아니라 은혜여야 합니다. 베드로는 "너희는 이 은혜에 굳게 서라"(벧전 5:12)고 말했습니다. 은혜가 아닌 행위가 신앙의 기초가 된다면 어떻게 될까요? 자유함이 없습니다. 감격이 없습니다. 확신이 없습니다. 생각해 보십시오. 어느 정도의 선을 행하고 의롭게 살아야 죄를 용서받을 수 있겠습니까? 또 하나님의 자녀가 될 수 있겠습니까?

우리가 값없이 베풀어 주시는 하나님의 은혜를 알고 그 은혜 위에 굳게 서면 내 느낌과 상태에 따라 흔들리지 않습니다. 확신이 있습니다. 자유함이 있습니다. 감격이 있습니다. 지난날 아무리 실패하고, 망가지고, 더럽혀진 삶을 살아왔어도 오늘 예수를 믿으면 구원의 확신을 가지고 당당하게 살아갈 수 있습니다.

물론 행위가 필요 없다, 나쁘다는 말이 아닙니다. 은혜와 행위는 동전의 양면과 같습니다. 떼려야 뗄 수 없는 것입니다. 반드시 행위가 있어야 합니다. 하지만 신앙의 시작은 은혜여야 합니다. 하나님의 은혜가 우리 신앙의 기초가 되어야 합니다. 은혜에 굳게 설 때 우리의 믿음도 성장합니다. 은혜 속에 강한 자가 될 수 있습니다. 충성된 삶을 살 수 있습니다.

사도 바울의 생애를 보십시오. 그의 생애는 은혜로 시작되었습니다. 그리고 하나님의 은혜 속에서 미친 듯이 인생을 살았습니다. 또한 하나님의 은혜 속에서 자신의 인생을 마쳤습니다. 하나님의 은혜로 시작되어, 은혜 속에 살다가, 은혜 가운데 인생을 마친 사람이 바로 사도 바울이었습니다.

내 가 나 된 것 은 하 나 님 의 은 혜

사도 바울은 고린도 교회 성도들에게 '내가 나 된 것은 하나님의 은혜로 된 것'이라고 고백합니다.

"내가 나 된 것은 하나님의 은혜로 된 것이니"(고전 15:10a).

사도 바울에게 있어 하나님의 은혜는 사역의 열매나 인생의 성공이 아닙니다. 물론 사역의 열매도 은혜고, 인생의 성공도 은혜입니다. 하지만 바울은 '내가 나 된 것은 하나님의 은혜'라고 고백합니다. 지금 사도로 부르심을 입고 복음의 증인이 된 것이 하나님의 은혜라는 것입니다.

과거 바울은 어떤 사람이었습니까?

"나는 사도 중에 가장 작은 자라 나는 하나님의 교회를 박해하였으므로 사도라 칭함 받기를 감당하지 못할 자니라"(고전 15:9).

바울은 교회를 박해했습니다. 초대교회 성도들과 사도들이 예수님의 부활을 전했기 때문입니다. 자신은 유대교 신자로서 부활을 믿지 않는데 예수 믿는 사람들이 자꾸 예수가 사망을 이기고 부활했다면서 부활의 신앙을 전파해 예루살렘 성을 요란케 했기 때문입니다. 그래서 바울은 부활의 신앙을 가진 자들을 잡아 옥에 가두고, 또 부활의 복음을 증거하던 스데반 집사를 돌로 쳐 죽이는 일에 주동자가 되었습니다.

그랬던 그가 예수 믿는 사람들을 잡아 죽이려고 다메섹을 향해 가던 중 부활하신 주님을 만났습니다. 정오의 햇빛보다 더 찬란한 빛 가운데서 주님의 음성이 들려왔습니다.

"홀연히 하늘로부터 빛이 그를 둘러 비추는지라 땅에 엎드러져 들으매 소리가 있어 이르시되 사울아 사울아 네가 어찌하여 나를 박해하느냐 하시거늘 대답하되 주여 누구시니이까 이르시되 나는 네가 박해하는 예수라"(행 9:3-5).

이렇게 하나님의 교회를 박해하던 바울이 부활하신 주님을 만남으로 부활의 증인이 되었습니다. 복음의 증인이 되었습니다. 사도 중에 사도가 된 것입니다. 그 누가 예상했겠습니까? 믿을 수 없는 일이 일어났습니다. 처음에는 이 사실을 예루살렘 교회에 있는 사도들도 믿지 않았습니다. 그래서 바울이 친히 예루살렘에 찾아갔지만 사도들마저도 만나 주려고 하지 않았습니다.

그런 그가 예수의 증인이 된 것입니다. 하나님의 교회를 박해하고 예수 믿는 사람들을 잡아 죽이는 일에 앞장섰던 자신이, 십자가의 원수로 행했던 자신이 이제는 예수를 전하지 않고는 견딜 수 없는 사람이 된 것입니다. 사도가 된 것입니다.

바울은 오직 하나님의 은혜로 부활하신 주님을 만나게 되었고, 복음의 증인이 되었으며, 이방인의 사도가 되었습니다. 바울에게는 은혜에 대한 감격이 있었습니다. 그래서 본문 10절에만 '은혜'라는 말을 세 번이나 사용하고 있습니다.

"내가 나 된 것은 하나님의 은혜로 된 것이니"
"내게 주신 은혜가 헛되지 아니하여"
"나와 함께하신 하나님의 은혜로다"

얼마나 은혜에 감격했으면 한 절에 '하나님의 은혜, 내게 주신 은혜, 하나님의 은혜'라는 말을 세 번이나 사용했겠습니까? 하나님의 은혜를 아는 자에게는 이런 놀라운 감격이 있습니다.

그렇다면 오늘 당신에게는 이 은혜의 감격이 있습니까? 하나님의 은혜가 오늘의 나를 만들었다는 이 은혜의 감격이 있습니까? 하나님의 은혜로 부르심을 입었다는 이 은혜의 감격이 있습니까? 그렇다면 당신은 하나님의 은혜를 아는 자입니다.

그런데 바울이 부르심을 받아 예수를 믿고 사도가 된 것만이 은혜가 아닙니다. 우리가 이 세상에서 부르심을 입어 하나님의 자녀가 된 것도 주님의 은혜입니다. 생각해 보십시오. 하나님의 은혜가 아니면 어떻게 시간과 공간을 초월해 계시는 영이신 하나님을 알겠습니까? 어떻게 나 자신이 죄인임을 알고, 하나님의 아들 예수 그리스도가 나의 모든 죄를 대신 짊어지시어 십자가에서 피 흘려 죽으셨다는 사실을 알겠습니까? 하나님의 은혜가 아니면 어떻게 우리가 하나님을 나의 아빠, 아버지라 부를 수 있었겠습니까?

하나님이 은혜를 베풀어 주시지 않았다면 지금 우리는 이 세상에 속한 자로 세상의 풍속을 좇고, 공중의 권세 잡은 자를 따라다니며, 죄와 사망의 법에 매여 살고 있을 것입니다. 내가 왜 살아야 하는지, 나는 지금 어디를 향해 가고 있는지조차도 모른 채 본질상 진노의 자식으로 살다가 영원한 지옥의 불 못에 던져짐을 당하게 될 것입니다. 생각만 해도 끔찍하지 않습니까?

그런데 하나님이 우리에게 은혜를 베푸셨습니다. 하나님의 은혜로 부르심을 입었고, 은혜로 죄 사함을 받았으며, 의롭다 함을 얻었고, 하나님의 자녀가 되었습니다. 바울은 에베소서 2장 8절에서 "너희는 그 은혜에 의하여 믿음으로 말미암아 구원을 받았으니 이것은 너희에게서 난 것이 아니요 하나님의 선물이라"고 말했습니다.

우리는 하나님의 은혜로 구원만 받은 것이 아닙니다. 매일, 매 순간 때를 따라 도우시는 하나님의 은혜로 지금까지 살아왔습니다. 그렇지 않았다면 사탄이 우는 사자처럼 나를 삼키려 하는데 어떻게 살아올 수 있었겠습니까? 우리는 모두 하나님의 은혜가 아니고는 설명할 수 없는 사람들입니다.

전 세계 그리스도인들이 가장 많이 부르는 찬송은 〈나 같은 죄인 살리신〉(*Amazing Grace*)입니다. 이 찬송은 존 뉴턴이 지었습니다. 이 사람은 과거에 이교도였고, 방탕아였으며, 아프리카 사람들을 노예로 팔아 돈을 버는 흑인 노예상이었습니다. 그의 인생 목표는 비싼 값에 노예들을 팔아 돈을 많이 버는 것이었습니다. 사람을 사고파는 그는 냉혈인간으로 불릴 정도로 동정과 사랑이라는 단어와는 거리가 먼 사람이었습니다.

그런데 어느 날 복음을 듣고 예수를 믿게 됩니다. 비로소 그는 자신의 죄악 된 삶을 청산하고 목사가 되었습니다. 하지만 그는 평생 동안 목사 예복을 입지 않았습니다. 항상 노예복을 입고 예배를 인도했습니다. 죄의 노예였던 자신을 구해 주신 하나님의 은혜가 너무 고맙기 때문에 그 은혜를 잊지 않으려 노예복을 입은 것입니다. 그는 인생의 가장 밑바닥에서 자신을 구원해 주신 하나님의 은혜를 생각하며

"나 같은 죄인 살리신 주 은혜 놀라워 잃었던 생명 찾았고 광명을 얻었네"라는 찬송을 만들어 불렀던 것입니다.

은혜를 아는 자는 은혜에 젖어 살아갑니다. 은혜를 아는 자에게는 은혜의 감격이 있습니다. 하나님 나라를 소망하는 그리스도인들은 값없이 베풀어 주신 하나님의 은혜를 아는 자들이기에 날마다 은혜에 젖어 그 은혜에 감격하며 살아야 합니다.

하나님의 은혜를 헛되이 하지 말라

"내게 주신 그의 은혜가 헛되지 아니하여 내가 모든 사도보다 더 많이 수고하였으나"(고전 15:10b).

하나님의 은혜를 아는 자는 가만히 있지 않습니다. 감격하는 것으로 끝나지 않습니다. 하나님의 은혜가 헛되지 않기 위해 더 많이 수고합니다.

사도 바울을 보십시오. 복음을 위해 달려가는 삶을 살았습니다. 가는 곳마다 교회를 세웠습니다. 복음 때문에 감옥에 갇히기도 했고, 유대인들에게 사십에 하나 감한 매를 다섯 번이나 맞았습니다. 뿐만 아니라 돌에 맞아 기절했을 때 사람들이 죽은 줄로 알고 내어 버리기까지 했습니다. 더 많이 수고했습니다. 은혜는 은혜로 머무르지 않습니다. 반드시 행동으로 나타나게 되어 있습니다.

그렇다면 바울은 왜 그처럼 많은 수고를 했을까요?

"내게 주신 그의 은혜가 헛되지 아니하여"(고전 15:10b).

자신에게 주신 하나님의 은혜가 헛되지 않도록 하기 위함입니다. 선교사님들이 생명의 위협을 무릅쓰고 복음을 들고 나아가는 이유가 무엇입니까? 한국 교회의 많은 성도들이 해마다 선교 여행을 떠나는 이유가 무엇입니까? 성도들이 주님의 몸 된 교회에서 헌신하고, 가난한 이웃을 섬기며 봉사하는 이유가 무엇입니까? 내게 주신 하나님의 은혜가 헛되지 않게 하기 위해서입니다.

힘들고 어렵다는 이유로 사역을 포기하는 것은 하나님의 은혜를 헛되이 하는 것입니다. 가진 것이 없다는 이유로 좌절하고 절망하는 것도 하나님의 은혜를 헛되이 하는 것입니다. 감사와 기쁨을 잃어버리고 의무감 때문에 하루하루를 살아가는 것도 하나님의 은혜를 헛되이 하는 것입니다. 그러므로 은혜를 받은 자는 그 은혜를 헛되이 하지 않는 삶을 살아야 합니다.

본문에서 '헛되다'라는 말은 헬라어로 '케네'라고 합니다. 이는 '공허한', '텅 비어 있는'이라는 뜻입니다. 바울은 하나님이 주신 은혜가 텅 비지 않도록 더 많이 수고했습니다.

하나님의 은혜는 풍성합니다. 하지만 시간이 지나면 은혜가 소진

되고 고갈될 수 있습니다. 그러므로 내게 주신 은혜가 고갈되지 않도록 더 많은 수고를 해야 합니다. 은혜를 갚기 위해 더 많이 수고해야 한다는 말이 아닙니다. 하나님의 은혜는 갚을 수 있는 것이 아닙니다. 갚을 수 있는 것이라면 삯이지 은혜가 아닙니다. 은혜는 값없이 받는 것이고, 누리는 것입니다. 그렇기에 내게 주신 그 은혜가 헛되지 않도록 수고하는 것입니다.

찬송가 〈성자의 귀한 몸〉 4절에 이런 가사가 있습니다.

"만 가지 은혜를 받았으니 내 평생 슬프나 즐거우나
이 몸을 온전히 주님께 바쳐서 주님만 위하여 늘 살겠네."

찬양 가사처럼 우리는 만 가지 은혜를 받았습니다. 부르심을 받고 구원을 받은 것은 참으로 놀라운 은혜입니다. 두 발로 걸을 수 있고, 볼 수 있고, 목청을 돋우어 찬양할 수 있는 것도 마찬가지로 하나님의 은혜입니다. 저는 심혈관이 98퍼센트까지 막혔었지만 시술을 통해 생명을 연장 받을 수 있었습니다. 하나님의 은혜인 것입니다.

때로는 가시도 은혜이고, 실패도 은혜입니다. 넘어짐도 은혜가 될 수 있습니다. 은혜를 아는 자는 아무렇게나 살지 않습니다. 반드시 다른 사람보다 더 많이 수고합니다. 그 은혜가 헛되지 않기 위해 더 많이 수고합니다.

사랑과 섬김은 비례합니다. 그래서 예수님은 죄를 지은 한 여인이

옥합을 깨뜨려 주님의 몸에 붓고, 예수님의 발에 입을 맞추고, 자신의 눈물을 흘리며 머리털로 주님의 발을 닦을 때 이렇게 말씀하셨습니다.

"그의 많은 죄가 사하여졌도다 이는 그의 사랑함이 많음이라 사함을 받은 일이 적은 자는 적게 사랑하느니라"(눅 7:47).

많은 죄를 사함 받은 자가 더 많이 사랑하고, 사함 받은 일이 적은 자는 적게 사랑합니다. 충성 역시 받은 은혜와 비례합니다. 은혜를 많이 받은 자가 더 많이 충성합니다. 더 많이 수고합니다. 지금 당신은 그 은혜가 헛되지 않기 위해 어떤 삶을 살고 있습니까? 더 많은 수고와 헌신과 충성으로 당신이 받은 그 은혜를 확증하십시오.

은혜를 아는 자는 자신을 자랑하지 않는다

"내가 모든 사도보다 더 많이 수고하였으나 내가 한 것이 아니요 오직 나와 함께하신 하나님의 은혜로라"(고전 15:10b).

바울은 하나님의 은혜가 헛되지 않기 위해 하나님 나라와 복음을 위해 다른 모든 사도보다 더 많이 수고했습니다. 하지만 그것 역시 나와 함께하신 하나님의 은혜라고 고백합니다. 하나님이 은혜를 베풀어 주셨기 때문에 바울은 선한 싸움을 싸울 수 있었습니다. 영적 전쟁에서 승리할 수 있었습니다. 고난과 핍박도 이겨 낼 수 있었습니다.

바울은 자신의 힘과 능력으로 그 많은 사역들을 감당했노라고 말하지 않았습니다. 바울은 자신을 드러내거나 자랑하지도 않았습니다. 진정 은혜를 아는 자는 자신을 드러내지 않습니다. 은혜를 아는 자는 은혜의 감격 속에 살아갑니다. 은혜를 아는 자는 주를 위해 더 많은 수고를 합니다. 은혜를 아는 자는 자랑하지 않습니다.

당신은 어떻습니까? 받은 은혜에 감사하며 감격 속에 살아가고 있습니까? 하나님에게 거저 받은 것을 자랑하지 마십시오. 그리고 은혜 위에 굳게 서십시오.

"하나님의 사람 엘리사의 사환 게하시가 스스로 이르되 내 주인이 이 아람 사람 나아만에게 면하여 주고 그가 가지고 온 것을 그의 손에서 받지 아니하였도다 여호와께서 살아 계심을 두고 맹세하노니 내가 그를 쫓아가서 무엇이든지 그에게서 받으리라 하고 나아만의 뒤를 쫓아가니 나아만이 자기 뒤에 달려옴을 보고 수레에서 내려 맞이하여 이르되 평안이냐 하니 그가 이르되 평안하나이다 우리 주인께서 나를 보내시며 말씀하시기를 지금 선지자의 제자 중에 두 청년이 에브라임 산지에서부터 내게로 왔으니 청하건대 당신은 그들에게 은 한 달란트와 옷 두 벌을 주라 하시더이다 나아만이 이르되 바라건대 두 달란트를 받으라 하고 그를 강권하여 은 두 달란트를 두 전대에 넣어 매고 옷 두 벌을 아울러 두 사환에게 지우매 그들이 게하시 앞에서 지고 가니라 언덕에 이르러서는 게하시가 그 물건을 두 사환의 손에서 받아 집에 감추고 그들을 보내 가게 한 후 들어가 그의 주인 앞에 서니 엘리사가 이르되 게하시야 네가 어디서 오느냐 하니 대답하되 당신의 종이 아무데도 가지 아니하였나이다 하니라 엘리사가 이르되 한 사람이 수레에서 내려 너를 맞이할 때에 내 마음이 함께 가지 아니하였느냐 지금이 어찌 은을 받으며 옷을 받으며 감람원이나 포도원이나 양이나 소나 남종이나 여종을 받을 때이냐 그러므로 나아만의 나병이 네게 들어 네 자손에게 미쳐 영원토록 이르리라 하니 게하시가 그 앞에서 물러나오매 나병이 발하여 눈같이 되었더라"

왕하 5:20-27

15

깨우침의 은혜

하나님의 은혜를
모욕하지 말라

모 항공사가 '땅콩 갑질'에 이어 '물벼락 갑질'로 인해 최대 위기를 맞고 있습니다. 많은 사람들이 재벌가 두 자녀의 갑질로 인해 분노하고 있습니다. 특히나 물벼락 갑질은 〈뉴욕타임스〉 등 외신에까지 보도될 정도로 세계적인 이슈가 되었습니다.

최근 몇 년 동안 갑질이 사회적 이슈가 되면서 많은 사람들로 하여금 공분을 사게 만들고 있습니다. 갑이라는 지위를 악용해 을의 입장에 있는 사람을 모욕하기 때문입니다. '모욕'의 사전적 의미는 "깔보고 욕되게 함"입니다. 모욕을 당해 본 사람은 그 모욕감이 얼마나 큰지 압니다. 뉴스를 보면 폭언과 폭력 때문에 모욕감을 느껴 자살한 경비원, 학생 등 우리 사회 구성원들이 참 많이 있습니다.

그런데 성경에 하나님을 모욕하고, 하나님이 베풀어 주신 그 은혜를 모욕한 사람들이 있습니다. 대표적인 인물로는 엘리사의 사환 게하시를 들 수 있습니다.

나 아 만 이 한 센 병 을 고 침 받 음

본문은 나아만 장군이 한센 병(문둥병)을 고침 받은 이후에 일어난 내용을 다루고 있습니다. 아람 나라의 군대장관인 나아만이 한센 병에 걸렸습니다. 어느 날 이스라엘에서 포로로 잡아온 한 소녀로부터 한센 병을 고침 받을 수 있을 것이라는 소식을 듣게 됩니다. 그것은 자신의 나라에 있는 엘리사 선지자에게로 가는 것이었습니다.

　나아만은 즉시 왕의 친서를 갖고 은 10달란트와 금 6천 개와 의복 열 벌을 가지고 엘리사를 찾아갔습니다. 그런데 엘리사는 나와 보지도 않았습니다. 그저 종을 내보내어 요단 강에 가서 몸을 일곱 번 씻으라고 했습니다.

　이런 처사에 화가난 나아만은 처음에는 돌아가려고 했습니다. 하지만 엘리사의 말대로 요단 강에 가서 몸을 일곱 번 씻었습니다. 그랬더니 놀라운 기적이 일어났습니다.

"나아만이 이에 내려가서 하나님의 사람의 말대로 요단 강에 일곱 번
　몸을 잠그니 그의 살이 어린아이의 살같이 회복되어 깨끗하게 되었더

라"(왕하 5:14).

썩어 문드러지고 피고름이 나던 피부가 어린아이의 살과 같이 회복되어 깨끗해졌습니다. 기적이 일어난 것입니다. 나아만의 기분을 상상해 보십시오. 하늘을 날 듯 얼마나 기뻤겠습니까? 나아만은 빨리 돌아가서 고침 받은 몸을 자기 왕에게 그리고 사랑하는 가족들에게 보여 주고 싶었을 것입니다. 하지만 그는 자기 나라로 먼저 가지 않고 하나님의 사람 엘리사를 찾았습니다. 그리고 "청하건대 당신의 종에게서 예물을 받으소서"(왕하 5:15b)라고 말했습니다.

엘리사는 예물을 받지 않음

"이르되 내가 섬기는 여호와께서 살아 계심을 두고 맹세하노니 내가 그 앞에서 받지 아니하리라 하였더라 나아만이 받으라고 강권하되 그가 거절하니라"(왕하 5:16).

그런데 의아한 일이 일어났습니다. 엘리사가 나아만이 가져온 예물을 받지 않고 정중하게 거절한 것입니다. 그냥 거절한 것이 아니라 여호와의 살아 계심을 두고 맹세까지 하면서 말입니다. 엘리사는 예물을 받는 것이 하나님의 뜻이 아님을 확신하고 있었습니다.

사실 나아만이 가져온 예물을 거절한다는 것은 결코 쉬운 일이 아닙니다. 그 예물이 엄청났기 때문입니다. 은 10달란트와 금 6천 개, 의복 열 벌을 오늘날로 계산하면 약 100억 원에 해당합니다. 이 정도면 무조건 받아야 하지 않을까요?

뇌물이었기 때문일까요? 부정한 돈이었기 때문일까요? 이 예물은 뇌물도, 부정한 돈도 아닙니다. 병을 고침 받음으로 감사해서 가져온 감사의 예물입니다. 받아도 아무런 문제 될 만한 것이 없습니다. 그럼에도 불구하고 엘리사는 예물을 받지 않았습니다.

혹시 이방인의 재물이어서 그랬을까요? 아닙니다. 성경을 보면 하나님은 이방인의 도움을 받아 성전을 재건하도록 하셨습니다. 그렇다면 예물을 받을 필요가 없을 만큼 부요했기 때문일까요? 아닙니다. 엘리사에게는 자신을 따르는 배고픈 선지생도들이 있었습니다. 너무 먹을 것이 없어 들호박을 따서 끓여 먹을 정도였습니다. 보리떡 20개로 100명이나 되는 선지생도들을 먹여야 할 만큼 가난했습니다. 때문에 엘리사에게는 많은 재정이 필요했습니다.

엘리사가 나아만이 가져온 예물을 받지 않은 이유는 오직 하나님의 은혜임을 드러내기 위해서였습니다. 나아만이 한센 병으로부터 고침 받음이 오직 하나님의 은혜로 되었음을 분명히 하기 위해서입니다. 만일 예물을 받았다면 나아만은 값을 주고 고침을 받은 것이라고 생각했을지 모릅니다. 대가를 지불하고 또 그 대가를 받았다면 그것은 더 이상 은혜가 아닌 것입니다.

은혜란 무엇입니까? 값없이 베풀어 주시는 하나님의 호의와 사랑이 아닙니까? 값이 지불되는 것은 어떤 것도 은혜가 아닙니다. 엘리사는 예물을 거절함으로 나아만이 오직 하나님의 은혜로 고침 받았음을 깨닫고 돌아가기를 원했습니다.

한센 병은 죄에 대한 상징

그런데 이 사실을 분명히 알려면 한센 병에 대해 보다 자세히 알아야 합니다. 성경은 한센 병을 죄에 대한 상징으로 기록하고 있습니다. 여기에는 그만한 이유가 있습니다. 한센 병에 걸리게 되면 일단 그 동네에서 가족과 함께 살 수 없습니다. 사람들과 격리되어 마을로부터 떨어진 곳에서 살아야만 합니다. 마찬가지로 우리 인간이 에덴동산에서 죄를 지었을 때 하나님은 그 에덴동산에 거하지 못하도록 인간을 내어 쫓으셨습니다. 이처럼 죄는 하나님과 나를 분리시키고 멀어지게 만듭니다.

뿐만 아닙니다. 한센 병은 제사장만이 진단할 수 있고, 정하다고 할 수 있습니다.

"제사장이 보기에 나병이 그 피부에 크게 발생하였으되 그 환자의 머리부터 발끝까지 퍼졌으면 그가 진찰할 것이요 나병이 과연 그의 전신에 퍼졌으면 그 환자를 정하다 할지니 다 희어진 자인즉 정하거니와"(레 13:12-13).

제사장은 한센 병이 머리부터 발끝까지 퍼진 자를 정하다고 했습니다. 한센 병이 그의 전신에 퍼진 자입니다. 이 말을 신약적인 표현으로 바꾼다면, 하나님은 부분적인 죄인이 아니라 머리부터 발끝까지 완벽한 죄인을 의롭다 하시고 그 사람을 구원하신다는 것입니다.

하나님은 자신의 의를 내세우며 양심적으로 살았다는 사람을 의롭다고 하지 않으십니다. 거룩하신 하나님 앞에서 "주님, 나는 용서받을 수 없는 죄인입니다. 완벽한 죄인입니다. 주님, 나는 지옥의 형벌과 고통 가운데 빠져도 왜 내가 이곳에 떨어져야 하느냐며 항변할 수 없는 죄인입니다"라고 고백하며 자신의 죄인 됨을 철저하게 인정하는 자를 의롭다 하시고 구원하십니다.

한센 병은 죄에 대한 상징이었습니다. 그러니까 나아만이 한센 병으로부터 고침을 받은 것은 오직 하나님의 은혜로 인해 죄 씻음을 받고 구원받았음을 의미합니다.

게하시는 예물을 받음

그런데 엘리사가 받지 않은 예물을 엘리사의 종 게하시가 받았습니다.

"하나님의 사람 엘리사의 사환 게하시가 스스로 이르되 내 주인이 이 아람 사람 나아만에게 면하여 주고 그가 가지고 온 것을 그의 손에서 받지 아니하였도다 여호와께서 살아 계심을 두고 맹세하노니 내가 그를 쫓아가서 무엇이든지 그에게서 받으리라 하고"(왕하 5:20).

엘리사의 종 게하시는 나아만이 가져온 그 많은 예물을 엘리사가 받지 않고 거절하는 것을 보면서 도저히 이해가 되지 않았습니다. 아니 불만이 싹텄습니다. 그래서 급히 나아만 일행을 뒤따라갔습니다. 그리고 나아만 일행을 향해서 평안의 인사를 나눈 후 다음과 같은 거짓말을 합니다.

"그가 이르되 평안하나이다 우리 주인께서 나를 보내시며 말씀하시기를 지금 선지자의 제자 중에 두 청년이 에브라임 산지에서부터 내게로 왔으니 청하건대 당신은 그들에게 은 한 달란트와 옷 두 벌을 주라 하시더이다"(왕하 5:22).

게하시는 엘리사가 에브라임으로부터 온 두 제자를 위해 은 한 달란트와 옷 두 벌을 요구했다고 거짓말을 합니다. 의심을 받지 않기 위해 소소한 분량을 요구했습니다. 이에 나아만은 은 두 달란트와 옷 두 벌을 줍니다. 게하시는 나아만으로부터 받은 것들을 자기 집에 감추었습니다.

왜 게하시는 예물을 받았는가

엘리사가 받지 않은 예물을 게하시가 뒤쫓아 가서 받았습니다. 탐욕과 탐심 때문입니다. 게하시는 나아만이 가져온 그 많은 예물을 보자마자 마음에 탐심이 생겼습니다.

모든 죄의 근원은 탐심으로부터 시작됩니다.

"욕심이 잉태한즉 죄를 낳고 죄가 장성한즉 사망을 낳느니라"(약 1:15).

우리는 탐욕의 지배를 받은 게하시의 모습을 통해 탐욕이 얼마나 무서운 것인가를 알 수 있습니다. 탐욕은 수단과 방법을 가리지 않게 합니다. 탐욕이 게하시의 마음을 지배하기 시작하자 그다음부터는 수단과 방법을 가리지 않았습니다. 그는 나아만을 향해 어떤 자세로 나아갔습니까?

"여호와께서 살아 계심을 두고 맹세하노니 내가 그를 쫓아가서 무엇이든지 그에게서 받으리라"(왕하 5:20b).

게하시는 나아만을 향해 나아갈 때 '무엇이든지 그에게서 받으리라', '반드시 그 예물을 받아 돌아오리라'는 마음을 가지고 나아갔습니다. 탐욕이 이미 그의 마음을 지배하고 있었음을 알 수 있습니다.

심지어 게하시는 자신의 탐욕을 채우기 위해 여호와의 사심을 가리켜 맹세까지 했습니다. 엘리사는 하나님의 살아 계심으로 맹세까지 하며 예물을 거절했는데, 게하시는 하나님의 살아 계심으로 맹세까지 하며 그 예물을 받았습니다. 하나님의 이름을, 하나님의 살아 계심을 자신의 탐욕을 채우는 일에 이용한 것입니다. 이 세상에서 가장 추악한 죄가 무엇입니까? 종교를 빙자해서 자신의 탐욕을 채우는 것입니다.

또 게하시는 거짓말도 서슴지 않았습니다. 엘리사가 에브라임으로부터 온 두 제자를 위해 은 한 달란트와 옷 두 벌을 요구했다고 거짓말을 했습니다. 나중에 엘리사가 게하시에게 "네가 어디서 오느냐"고 물었을 때 "당신의 종이 아무데도 가지 아니하였나이다"라고 거짓말을 반복했습니다(왕하 5:25 참조). 자신의 죄를 감추기 위해 또 거짓으로 꾸며 댄 것입니다. 탐욕의 지배를 받게 되면 목적 달성을 위해 수단과 방법을 가리지 않게 됩니다. 그래서 탐욕이 무서운 것입니다.

탐욕은 또한 영적 분별력을 잃게 만듭니다. 엘리사가 게하시를 책망하면서 한 말을 들어 보십시오.

"지금이 어찌 은을 받으며 옷을 받으며 감람원이나 포도원이나 양이나 소나 남종이나 여종을 받을 때이냐"(왕하 5:26b).

엘리사는 지금이 어찌 은을 받고 옷을 받을 때냐고 묻습니다. 지금은 깨어 있을 때지, 예물을 받아 챙길 때가 아닌 것입니다. 전리품도 취할 때가 있고, 취하지 말아야 할 때가 있습니다. 당시 이스라엘과 아람은 적대적인 관계에 있었습니다. 나아만은 주의 은혜로 고침을 받고 돌아갔지만 아람 왕은 이스라엘과 더불어 싸우려고 그의 신복들과 여러 의논을 했고, 마침내 아람 왕 벤하닷이 그의 온 군대를 데리고 쳐들어와 사마리아 성을 에워쌌습니다. 그래서 성 안에 있는 사람들이 어린 자식을 잡아먹는 끔찍한 일이 일어나기도 했습니다.

사실 게하시는 복을 많이 받은 자였습니다. 스승 중의 스승인 엘리사 선지자를 가장 가까이에서 모실 수 있는 특권을 누리고 있었습니다. 엘리사를 통해 선포되는 하나님의 말씀과 수많은 기사와 이적들을 가장 가까이에서 듣고 보고 경험했습니다. 어쩌면 엘리사의 후계자가 될 수도 있는 사람이었습니다. 그런데 탐욕에 눈이 어두워 예물을 받아 챙기는 일에 앞장섰습니다. 탐욕의 지배를 받게 되니 신앙의 양심이 무뎌졌습니다. 예물을 받는 것이 죄라고 여겨지지 않았습니다. 영적 분별력을 잃어버린 것입니다.

우리도 마찬가지입니다. 탐욕의 지배를 받게 되면 영적 분별력이 떨어집니다. 하나님으로부터 멀어집니다. 영적 감각이 떨어져 하나님의 선하시고 온전하시고 기뻐하시는 뜻이 무엇인지 분별이 되지 않습니다. 하나님의 음성이 들리지 않습니다. 비전도 보이지 않습니다. 당장 눈앞의 이익과 물질만 보입니다.

할 수 있는 한 모든 탐욕을 물리치십시오. 성령님의 도움을 구하

십시오. 탐욕은 죄입니다. 탐욕은 사망으로 가는 지름길입니다. 아나
니아와 삽비라를 보십시오. 그들이 왜 죽었습니까? 게하시와 그의 자
녀들에게 왜 저주가 임했습니까? 탐욕 때문입니다.

게하시에게 임한 저주

엘리사는 탐욕 때문에 나아만으로부터 예물을 받아 집에 숨겨 둔 게
하시를 책망했습니다. 그다음 그를 향해 저주를 선포했습니다.

> "그러므로 나아만의 나병이 네게 들어 네 자손에게 미쳐 영원토록 이르
> 리라 하니 게하시가 그 앞에서 물러나오매 나병이 발하여 눈같이 되었더
> 라"(왕하 5:27).

게하시는 엘리사의 저주대로 나아만이 걸렸던 한센 병에 걸렸습
니다. 자신만이 아니라 자손들까지도 한센 병 환자가 되는 저주를 받
았습니다. 어떻게 보면 게하시가 지은 죄에 비해 하나님이 너무 심한
벌을 내리신 것은 아닌가 하는 생각이 들기도 합니다. 그가 지은 죄에
비해 받은 형벌이 너무 엄한 것으로 비춰질 수도 있습니다.

그러나 게하시가 지은 죄는 단순한 도덕과 윤리적 차원의 죄가 아
닙니다. 게하시는 값없이 베풀어 주시는 하나님의 은혜를 모욕하는

죄를 지은 것입니다. 엘리사는 오직 하나님의 은혜로 그가 고침 받았음을, 또한 죄 씻음 받았음을 나타내 보이기 위해 그 많은 예물을 받지 않았습니다. 그런데 게하시는 탐욕 때문에 그 예물을 받음으로 값없이 베풀어 주시는 하나님의 은혜를 모욕했습니다. 하나님의 은혜를 삯으로 만들어 버렸습니다. 하나님의 은혜를 헛되이 한 것입니다.

우리는 게하시가 받은 저주를 보면서 하나님의 은혜를 헛되이 하고 은혜를 모욕하는 것이 하나님 앞에서 얼마나 크고 무서운 죄인지를 깨달아야 합니다. 죄악 된 세상에는 하나님의 은혜를 모욕하고 그 은혜를 악용하는 사람들이 참 많이 있습니다. 값없이 베풀어 주시는 하나님의 은혜를 도리어 방종의 근거로 삼는 사람들이 있습니다. 이는 모두 하나님의 은혜를 모욕하는 것입니다.

게하시처럼 탐욕 때문에 값없이 베풀어 주시는 하나님의 은혜를 모욕하지 마십시오. 하나님의 은혜를 악용하지 마십시오. 하나님이 베풀어 주신 은혜를 묵상하다 보면 나의 행위와 열심으로는 구원받을 수 없음을 깨닫게 됩니다. 우리는 오직 하나님의 은혜로만 구원을 얻을 수 있습니다. 우리는 은혜가 아니고는 살아갈 수 없는 존재입니다. 그러므로 날마다 은혜 안에 머물기를 결단하십시오.

탐욕의 지배를 받게 되면 영적 분별력이 떨어집니다.

하나님으로부터 멀어집니다.

영적 감각이 떨어져

하나님의 선하시고 온전하시고

기뻐하시는 뜻이 무엇인지 분별이 되지 않습니다.

"그러므로 우리가 믿음으로 의롭다 하심을 받았으니 우리 주 예
수 그리스도로 말미암아 하나님과 화평을 누리자 또한 그로 말
미암아 우리가 믿음으로 서 있는 이 은혜에 들어감을 얻었으며
하나님의 영광을 바라고 즐거워하느니라"   롬 5:1-2

16

보혈의 은혜

하나님의 은혜를 누리는
최후 승리자가 되라

우리가 신앙생활하면서 가장 많이 쓰는 말은 아마도 '은혜'일 것입니다. 기도할 때에도, 예배드릴 때에도, 성도들과 교제를 나눌 때에도 은혜라는 말은 참 많이 쓰입니다.

은혜란 값없이 베풀어 주시는 하나님의 호의와 사랑이라고 앞서 반복해서 언급했습니다. 우리의 행위와 의로움으로는 죽었다 깨어나도 구원을 받을 수 없습니다. 우리의 노력만으로는 살아갈 수 없다는 것입니다. 그래서 하나님이 은혜를 베풀어 주시는 것입니다. 은혜는 이루는 것이 아니라 그냥 받는 것입니다. 은혜는 성취하는 것이 아니라 그냥 얻는 것입니다.

믿음으로 의롭다 하심을 받음

"그러므로 우리가 믿음으로 의롭다 하심을 받았으니"(롬 5:1a).

믿음으로 의롭다 하심을 얻는 것을 신학적인 용어로 '이신칭의' 혹은 '이신득의'(justification by faith)라고 합니다. '의롭다 함'이란 법적인 용어로서, 나는 분명 죄인이지만 하나님이 한 번도 죄를 지어 본 경험이 없는 사람으로 나를 간주하시는 것을 말합니다.

우리는 예수를 믿음으로 의롭다 함을 얻을 수 있습니다. 예수 그리스도가 나의 모든 죄와 허물을 대신 짊어지고 십자가 위에서 나의 모든 죗값을 지불하셨기 때문입니다. 2천 년 전 인간의 몸을 입고 이 땅에 오신 예수님은 십자가에서 말할 수 없는 수치와 조롱을 다 받으셨습니다. 십자가에 못 박혀 피 흘려 죽으심으로 우리의 죗값을 다 지불하셨습니다. 그리고 "다 이루었다"(요 19:30)라고 선포하셨습니다. "다 이루었다"는 헬라어로 '테텔레스 타이'인데, 이는 '값을 지불했다', '청산했다'는 뜻입니다. 그러므로 누구든지 예수를 믿으면 하나님은 그 사람을 의롭다 하십니다.

"하나님의 은혜로 값없이 의롭다 하심을 얻은 자 되었느니라"(롬 3:24).

하나님은 내가 죄를 짓지 않아서 나를 의롭다 하시지 않습니다.

수없이 망가지고 많은 죄를 지었지만, 오늘 내가 예수 그리스도를 믿었다는 한 가지 사실 때문에 십자가에서 피를 흘리신 것입니다. 그 피로 내 모든 죄를 사하시고, 나를 의롭다 하신 것입니다. '믿음으로 말미암아 의롭다 하심을 받는다'는 것은 절대적 진리입니다. 이것이 로마서의 핵심 주제입니다.

하나님과 화평을 누리자

예수를 믿음으로 의롭다 함을 얻은 우리가 누릴 수 있는 최고의 축복은 무엇일까요? 하나님과 화평을 누리는 것입니다.

"우리 주 예수 그리스도로 말미암아 하나님과 화평을 누리자"(롬 5:1b).

화평은 히브리어로는 '샬롬'이고, 헬라어로는 '에이레네'입니다. 우리는 예수를 믿음으로 의롭다 함을 얻기 전까지 죄로 말미암아 하나님과 원수 된 관계에 있었습니다.

"곧 우리가 원수 되었을 때에 그의 아들의 죽으심으로 말미암아 하나님과 화목하게 되었은즉"(롬 5:10a).

하나님과 원수 된 관계에 있었던 이유는 바로 죄 때문입니다. 이는 하나님이 반드시 진노하시고, 심판하실 수밖에 없는 상태에 있었음을 말합니다. 바울은 에베소서 2장 3절에서 우리는 하나님의 진노와 심판을 받을 수밖에 없는 "본질상 진노의 자녀이었더니"라고 했습니다.

사람과 사람 사이에서도 원수 된 관계에 있으면 평안할 수가 없습니다. 더욱이 하나님과 원수 된 관계에 있었으니 어떻게 평화가 있겠습니까? 그런데 예수님이 십자가에서 우리의 죄를 담당하시고 화목제물로 죽으시어 하나님과 우리를 화목하게 하셨습니다. 이로 인해 하나님과 원수 되었던 우리가 하나님을 아빠 아버지라 부를 수 있게 되었습니다. 언제든지 예수님의 보혈을 힘입기만 하면 은혜의 보좌 앞에 담대히 나아갈 수 있게 되었습니다. 죄에 대한 모든 심판으로부터 자유함을 얻게 된 것입니다. 이것이 바로 화평을 누리는 것입니다.

그런데 이 화평, 평안은 아무나 누리는 것이 아닙니다. 반드시 예수님을 믿음으로 의롭다 하심을 받은 자만이 누릴 수 있습니다. 죄와 죽음의 문제를 해결 받은 자만이 누릴 수 있습니다. 신앙생활의 본질은 하나님으로 더불어 화평을 누리는 것입니다. 누린다는 것은 곧 즐기는 것을 말합니다.

"이제 우리로 화목하게 하신 우리 주 예수 그리스도로 말미암아 하나님 안에서 또한 즐거워하느니라"(롬 5:11).

신앙생활은 손을 벌려 구걸하는 것이 아닙니다. 고리타분한 것이 아닙니다. 하나님 아버지가 자녀 된 자에게 주시는 것들을 누리는 것입니다. 즐기는 것입니다. 하나님 아버지가 우리를 부르신 이유, 구원하신 이유는 또 하나의 무거운 짐을 지워 주시기 위해서가 아닙니다. 화평을 누리도록 하기 위해서입니다.

"이것을 너희에게 이르는 것은 너희로 내 안에서 평안을 누리게 하려 함이라"(요 16:33).

물론 우리는 십자가를 지고, 자신을 부인하고, 주님이 걸어가신 그 좁은 길을 따라가야 합니다. 때로는 환난을 당할 수도 있습니다. 그러나 그것이 신앙생활의 전부는 아닙니다. 어떠한 상황에서도 이 화평을 누리면서 가야 합니다.

"다만 이뿐 아니라 우리가 환난 중에도 즐거워하나니"(롬 5:3a).

사도 바울은 빌립보의 깊은 감옥 속에서도 화평을 누렸습니다. 한밤중에 큰 소리로 찬송하며 기도했습니다. 주님도 제자들과 최후의 만찬을 하신 다음 찬미하며 고난과 죽음이 기다리는 감람 산을 향해 나아가셨습니다.

우리 역시 "주 따라가는 길 험하고 멀어도 찬송을 부르며 뒤따라

가리라"는 찬송가의 가사처럼 주님 가신 길을 찬송하며 따라가야 합니다. 하나님의 나라를 누리며, 하나님의 자녀 된 특권을 누리며, 세상이 줄 수 없는 평안을 누리며 주님 가신 길을 가야 합니다.

주님은 우리가 마지못해 십자가를 지고, 죽지 못해 그 일을 감당하는 것을 원치 않으십니다. 신앙생활은 누림입니다. 주변에 보면 좋은 것이나 아름다운 것을 많이 가졌음에도 그것을 누리거나 즐기지 못하는 사람들이 많습니다. 아무리 보배롭고 존귀한 것이라 할지라도 그것에서 기쁨을 찾지 못하면 내 것이 아닙니다. 화평을 누려야 합니다. 세상이 줄 수 없는 평안을 누리며 살아야 합니다.

믿음으로 서 있는 이 은혜

이제 믿음으로 서 있는 은혜에 대해 생각해 보고자 합니다.

> "또한 그로 말미암아 우리가 믿음으로 서 있는 이 은혜에 들어감을 얻었으며"(롬 5:2a).

'믿음으로 서 있는 이 은혜'를 알려면 '들어감'이 무엇인지를 알아야 합니다. '들어감'으로 번역된 헬라어는 '프로사고겐'입니다. 이 단어는 '접근, 가까이 감'을 뜻합니다. 영어 성경에서는 들어감을

'access'라는 단어로 번역하고 있습니다. 그러니까 '들어감'이란 '어떤 곳으로 가까이 나아가는 것, 어떤 곳으로 입장하는 것'을 말합니다. 이 단어는 신약성경에 딱 세 번 쓰였는데, 모두 백성이 왕 앞에 나아갈 때 사용되었습니다.

"이는 그로 말미암아 우리 둘이 한 성령 안에서 아버지께 나아감을 얻게 하려 하심이라"(엡 2:18).

믿음으로 서 있는 은혜에 들어감을 얻었다는 것은 왕이신 하나님 앞으로 가까이 나아가는 것을 말합니다. 하나님의 영광의 보좌 앞으로 가까이 나아가는 것을 말합니다. 하나님의 지성소로 들어가는 것을 말합니다.

하나님 앞에서 의롭다 하심을 얻기 전까지 우리는 하나님의 보좌 앞으로 나아갈 수가 없었습니다. 구약을 보면 이방인은 물론이거니와 택하신 백성인 유대인도 하나님의 임재를 상징하는 언약궤가 있는 지성소에 들어갈 수 없었습니다.

오직 제사장들만이 매일 성소에 들어가 하나님을 예배하며 그곳에 놓여 있는 진설병과 기름을 새로운 것으로 갈아놓는 일을 할 수 있었습니다. 하지만 제사장들도 지성소에는 들어갈 수 없었습니다. 하나님의 임재를 상징하는 언약궤가 있는 지성소는 대제사장만이 들어갈 수 있었습니다. 그것도 1년에 단 한 번, 대속죄일에만 들어갈 수 있었습니다.

대제사장은 정결하게 목욕하고, 흠없는 짐승의 피를 가지고 들어가 언약궤의 속죄소에 그 피를 뿌리고 바릅니다. 또한 들어갈 때 거룩한 세마포 옷을 입고, 옷 밑에 방울을 달고, 줄을 맨 채 들어갑니다. 대제사장이 지성소 안에서 걸을 때마다 방울 소리가 나야 하는데, 만일 방울 소리가 들리지 않으면 대제사장이 죽어 있다는 증거가 되기 때문입니다. 시체를 꺼내기 위해 지성소 안으로 들어가면 그 사람도 반드시 죽게 되어 있었습니다. 그래서 줄을 당겨서 그 시체를 밖으로 꺼내는 것입니다. 이렇게 죄인 된 인간은 그 누구도 하나님의 왕궁에 함부로 들어갈 수 없었습니다. 하나님의 보좌에 가까이 나아갈 수 없는 존재인 것입니다.

그로 말미암아

본문 2절을 보면 '그로 말미암아' 믿음으로 서 있는 이 은혜에 들어감을 얻었다라고 말합니다.

"그로 말미암아 우리가 믿음으로 서 있는 이 은혜에 들어감을 얻었으며"(롬 5:2a).

여기서 그는 바로 예수 그리스도를 말합니다. 복음서를 보면 예수님이 십자가에 달려 죽으실 때 지성소를 가로막고 있던 성소의 휘장이 찢어집니다. 예수님이 십자가 위에서 우리의 죗값을 다 지불하시고 "다 이루었다"며 운명하시던 그 순간에 지성소를 가로막고 있던 그 두꺼운 휘장이 위에서부터 아래로 찢어진 것입니다.

"이에 성소 휘장이 위로부터 아래까지 찢어져 둘이 되고"(마 27:51).

위로부터 찢어졌다는 것은 하나님이 당신의 보좌 앞으로 나아올 수 있는 길을 열어 주셨음을 뜻합니다. 예수님이 십자가에 달려 죽으실 때 하나님과 인간 사이를 가로막고 있던 죄악의 담장이 무너지고 하늘의 문이 열린 것입니다.

그렇습니다. 당신의 아들의 죽으심으로 인해 우리의 죗값이 지불되자 하나님이 당신의 보좌 앞으로 나아올 수 있는 길을 열어 주신 것입니다. 예수님이 십자가에 달려 죽으심으로 하나님의 임재가 있는 은혜의 보좌 앞으로 나아갈 수 있는 새로운 살길을 열어 주신 것입니다. 그래서 히브리서 기자는 "그 길은 우리를 위하여 휘장 가운데로 열어 놓으신 새로운 살길이요 휘장은 곧 그의 육체니라"(히 10:20)고 했습니다. 우리는 예수 그리스도로 말미암아 하나님의 영광의 보좌 앞에 들어감을 얻게 되었습니다.

여기서 주목할 문장이 있습니다. "들어감을 얻었으며"(롬 5:2)입니다. '들어가게 될 것이다'가 아닙니다. 이미 들어감을 얻게 되었고, 그 상태가 지금까지 계속되고 있다는 것입니다. 그래서 예수를 믿음으로 의롭다 함을 얻은 우리는 예수의 피를 힘입기만 하면 언제든지 하나님의 보좌 앞으로 담대히 나아갈 수 있습니다.

히브리서 기자는 우리에게 이렇게 권면합니다.

"우리는 긍휼하심을 받고 때를 따라 돕는 은혜를 얻기 위하여 은혜의 보좌 앞에 담대히 나아갈 것이니라"(히 4:16).

연약한 죄성을 가지고 세상을 살아가는 우리에게는 날마다 하나님의 긍휼하심이 필요합니다. 광야의 나그네 인생길을 살아가는 우리에게는 때를 따라 도우시는 하나님의 은혜가 필요합니다. 하나님의 긍휼하심을 받고, 때를 따라 돕는 은혜를 얻기 원한다면 예수의 피를 힘입어 은혜의 보좌 앞으로 담대히 나아가십시오.

은혜가 이긴다

본문 2절을 보면 이 은혜를 그냥 은혜라고 말하지 않고 '믿음으로 서 있는 은혜'라고 말합니다. 사전에 보면 '서 있는 은혜'는 '견고히 서다, 온전히 서다'라고 되어 있습니다. 무슨 말입니까? 믿음으로 서 있는 이 은혜가 우리를 견고히, 온전히 서 있게 한다는 것입니다.

그런데 우리가 은혜의 보좌 앞에 나아가려고 할 때 사탄 마귀가 가만히 있던가요? 기도와 예배를 통해 은혜의 보좌 앞에 나아가려고 할 때 과연 그들이 잠잠히 있던가요? 지난날의 죄를 가지고 끊임없이 참소하며 정죄합니다. '아니 네가 어떻게 그 모습으로 거룩하신 하나님 앞에 나아갈 수 있어? 하나님은 너를 사랑하지 않아.' 때로는 많은 근심과 염려와 쓴 뿌리와 상처들이 우리로 하여금 은혜의 보좌 앞에 서 있지 못하도록 만듭니다.

그러나 하나님의 은혜를 아는 자는 흔들리지 않습니다. 아무리 사탄이 참소해도 쓰러지지 않습니다. 사방으로 욱여쌈을 당해도 넘어지지 않습니다. 사탄의 참소보다 하나님의 은혜가 훨씬 더 크기 때문입니다. 내가 지은 죄보다 나를 용서하시는 하나님의 은혜가 훨씬 더 크기 때문입니다. 내가 만난 인생의 풍랑보다 나를 향한 하나님의 은혜가 훨씬 더 크기 때문입니다.

믿으십시오. 은혜가 이깁니다. 믿음으로 서 있는 이 은혜가 이깁니다. 믿음으로 서 있는 이 은혜가 고난을 이깁니다. 생명이 죽음을 이기고, 사랑이 분노를 이기듯, 은혜가 사탄의 참소를 이깁니다. 주변을 보십시오. 결국은 누가 이기던가요? 힘 있는 자가 이기던가요? 복수하는 자가 이기던가요? 아닙니다. 은혜를 아는 자입니다.

하나님의 영광을

'믿음으로 서 있는 이 은혜에 들어감'을 얻은 자가 이 땅에서 누릴 수 있는 축복은 무엇입니까?

"하나님의 영광을 바라고 즐거워하느니라"(롬 5:2b).

온전한 하나님의 영광은 장차 우리가 천국에서 보게 될 것입니다. 또한 주님은 우리가 지금 이 땅에서 하나님의 영광을 바라고 즐거워하기를 원하십니다. 이 영광은 하나님의 임재 가운데 사는 것입니다. 우리가 하나님의 임재를 가장 깊이, 많이 경험할 수 있는 때는 바로 예배드릴 때입니다. 예배는 지성소에 들어가 하나님의 보좌 앞에서 드리는 것이기 때문입니다.

C. S. 루이스는 "하나님을 영광되게 하라는 명령은 곧 하나님이 자신을 즐거워하라고 우리를 초대하시는 것이다"라고 했습니다. 이것이 예배입니다. 하나님은 주님의 보좌 앞에서 예배드릴 때 당신의 영광을 가장 찬란하게 나타내 보이십니다. 그러므로 예배는 이 땅에서 천국의 영광을 바라보며 즐거워하는 시간입니다. 시간과 공간을 뛰어넘어 하나님의 영광을 경험하는 시간이 바로 예배의 시간입니다.

또한 예배만이 아니라 삶의 현장에서도 하나님의 임재를 경험할 수 있어야 합니다. 하나님의 영광은 하나님의 일하심을 경험하게 합니다. 삶의 현장에서 하나님의 일하심을 경험하는 것이 바로 하나님의 영광을 보는 것입니다. 하나님은 우리를 위해 끊임없이 일하기를 원하십니다. 그래서 주님은 오늘도 마음이 상한 자를 어루만지시고, 병든 자를 고치시며, 눌린 자를 자유하게 하심으로 당신의 영광을 우리 가운데 나타내기를 원하십니다.

그리스도인인 우리는 예수를 믿음으로 의롭다 하심을 받은 사람입니다. 그렇다면 오늘 예수 그리스도로 말미암아 화평을 누리십시오. 세상이 줄 수 없는 평안을 누리십시오. 그리고 믿음으로 서 있는 이 은혜에 들어가십시오. 왜 구약의 이방인들과 여인들처럼 성전의 뜰만 밟고 성전 밖에 머무르려고 합니까? 더 이상 은혜 밖에서 머뭇거리지 마십시오.

이제 예수의 피를 힘입어 그 은혜의 보좌 앞에 당당히 나아오십시오. 그 은혜의 보좌 앞에서 하나님의 영광을 바라고 즐거워하십시오. 사탄이 아무리 참소해도, 아무리 인생이 힘들고 고난이 겹쳐 와도 흔들리지 마십시오. 믿음으로 서 있는 이 은혜가 이깁니다. 영광의 보좌 앞에서 믿음으로 서 있는 은혜를 누리십시오. 반드시 은혜가 이깁니다!

Stand Firm In His Grace